古代歷史文化 研究輯刊

七 編

王 明 蓀 主編

第 24 冊

商周青銅禮器龍紋形式與分期研究（下）

陳 麗 年 著

國家圖書館出版品預行編目資料

商周青銅禮器龍紋形式與分期研究（下）／陳麗年 著 — 初版
— 新北市：花木蘭文化出版社，2012〔民101〕
目 18+150 面；19×26 公分
（古代歷史文化研究輯刊 七編：第24冊）
ISBN：978-986-254-834-9（精裝）

1. 青銅器 2. 禮器 3. 商代 4. 周代 5. 研究考訂
618   101002899

ISBN-978-986-254-834-9

古代歷史文化研究輯刊
七 編 第二四冊   ISBN：978-986-254-834-9

商周青銅禮器龍紋形式與分期研究（下）

作　　者　吳明訓
主　　編　王明蓀
總 編 輯　杜潔祥
出　　版　花木蘭文化出版社
發 行 所　花木蘭文化出版社
發 行 人　高小娟
聯絡地址　新北市永和區中正路五九五號七樓
　　　　　電話：02-2923-1455／傳眞：02-2923-1452
網　　址　http://www.huamulan.tw 信箱 sut81518@gmail.com
印　　刷　普羅文化出版廣告事業
初　　版　2012 年 3 月
定　　價　七編 24 冊（精裝）新台幣 38,000 元

商周青銅禮器龍紋形式與分期研究（下）

陳麗年　著

目

次

圖　表

第四章　雙身型爬行龍紋與卷龍紋研究

　　本章分析內容為雙身型爬行龍紋與卷龍紋兩類。雙身型爬行龍紋係指龍首居中，於龍首兩側有呈波曲狀的身軀；此龍紋數量不多，屬爬行龍紋的範疇，但與前述各類型之爬行龍紋直接關聯較小，又考量到各章節份量的平衡，故列於本章與卷龍紋一併論析。卷龍紋則指身軀朝同一方向卷曲，並首尾幾乎相接或已重疊，相對於爬行龍紋的長條狀構圖，紋飾整體呈方塊狀或圓盤狀等長寬比例較接近者，多數以單龍構成方塊或圓盤狀，僅極少數為兩龍構成者。龍紋身軀呈卷曲狀，故以此命名。又依身軀整體之形狀、外觀加以區分亞型，分別為：（一）C 型卷龍紋；（二）O 型卷龍紋；（三）方型卷龍紋。以下將於本章中第一節對雙身型爬行龍紋進行分析，於第二節至第四節中分別論析各型卷龍紋。

第一節　雙身型爬行龍紋

　　本型龍紋的特徵在於龍首的兩端各有一彎曲的身軀，彷彿龍紋具有兩個分歧的身軀。舊稱雙尾龍紋，其特徵實際上乃為龍首正視而將身軀展開的形式，為紋飾表現手法的一種，並非真有兩個身軀，目前學者多持此說。
〔註1〕

〔註 1〕　如馬承源即說：「其實它的基本模式和獸面紋的體軀向兩側開展的規律相同，因為這種圖案常飾在器頸部的狹長範圍內而呈帶狀，使龍的體軀有充分展開的餘地。」（《中國青銅器》，頁 326）；又如朱鳳瀚：「此種表現方法近似於饕餮紋（即本文所謂獸面紋），亦可能是以平面表現立體的手法。」（《年代》，頁 390）

41-1

圖版 41-1：

器名：司𩵋母方壺。部位：上腹部。時代：殷墟中期。出土地：河南安陽殷墟五號墓（M5：807）。中國歷史博物館藏。

紋飾說明：龍首居中正視，身軀於兩側呈波曲狀開展。臣字形目，唇型爲正面張口狀，瓶狀角且由照片中可知爲立體狀〔註2〕，身軀以菱格紋裝飾，左右腹下各有一爪狀足，有雲雷紋補地。本圖版爲依據紋飾描繪的摹本，非拓本。

41-2

圖版 41-2：

器名：方鼎。部位：口沿。時代：殷墟中期至殷墟晚期。〔註3〕出土地：河南上蔡田莊商墓。

紋飾說明：龍首居中正視，身軀於兩側呈波曲狀開展。圓形目，唇型爲正面張口狀，內卷狀彎角，龍首略似羊首，身軀以菱格紋裝飾，無足，身軀兩側波曲凹折處有圓渦紋裝飾，但不明顯，有雲雷紋補地。

41-3

圖版 41-3：

器名：🜨父乙方鼎。部位：口沿。時代：殷墟中期至殷墟晚期。〔註4〕

紋飾說明：龍首居中正視，身軀於兩側呈波曲狀開展。圓形目，唇型爲正面張口狀，內卷狀彎角，龍首略似羊首，身軀以菱格紋裝飾，由本圖版中看不太清楚，但由《十二家》之拓本〔註5〕可確知爲菱格紋，拓本中左側尾部亦依稀可見菱格紋的痕跡，無足，身軀兩側波曲凹折處有圓渦紋裝飾，有雲雷紋補地。

41-4

圖版 41-4：

器名：獸面紋鉦。部位：鼓部。時代：殷墟晚期。

紋飾說明：龍首居中正視，身軀於兩側呈 S 形彎曲。此拓本不甚清晰，勉強可辨圓形目，下有圓形的鼻孔，唇型爲正面張口狀，角型不明顯，身軀上有鱗紋裝飾，無足，有雲雷紋爲地紋，但雲雷紋不算細膩，線條頗粗。整體而言，紋飾線條粗糙不細膩，風格亦較爲樸拙，沒有繁複、細膩的裝飾。

〔註2〕 見中國社科院考古研究所：《婦好》，圖版四十四；中國青銅器全集編輯委員會：《全集3》，圖93（頁94）；馬承源：《精華》，圖106（頁31）。

〔註3〕 本圖版見於朱鳳瀚：《古代》，圖五・十一：3（頁427），但未提供詳細的年代資料；但於顧望等：《圖典》，頁173至少可知爲商代紋飾。此處時代資料乃筆者根據其他圖版特徵比對所推測之結果，詳細的推論請見本章後文之說解。

〔註4〕 本圖版可見於容庚：《通考》，圖104（頁112）及商承祚：《十二家》。但兩書皆未提供本器年代資料；顧望等：《圖典》，頁173亦有此圖版，標示爲商代；林巳奈夫：《紋樣》，圖3-180（頁113）則作西周早期。此處時代資料乃筆者根據其他圖版特徵比對所推測之結果，詳細的推論請見本節後文之說解。

〔註5〕 商承祚：《十二家》式二。

41-5

圖版 41-5：

器名：圉方鼎。部位：口沿。時代：西周成康之際（西周早期）。出土地：北京房山琉璃河 M253 西周墓。首都博物館藏。

紋飾說明：龍首居中正視，身軀於兩側呈波曲狀開展。圓形目，唇型爲正面張口狀，內卷狀彎角，龍首略似羊首，身軀棱脊留白且中有細線，棱脊兩側有鱗紋裝飾，無足，身軀兩側波曲凹折處另有兩對稱外彎的短鰭裝飾（形態可參圖版41-6），但不甚明顯，有雲雷紋補地。由照片可知本器蓋沿紋飾相同。〔註6〕

41-6

圖版 41-6：

器名：或父癸方鼎。部位：口沿。時代：西周早期〔註7〕。上海博物館藏。

紋飾說明：龍首居中正視，身軀於兩側呈波曲狀開展。圓形目，內卷狀彎角，龍首略似羊首，唇型爲正面張口狀，身軀棱脊留白且中有細線，棱脊兩側有鱗紋裝飾，無足，身軀兩側波曲凹折處有對稱外彎的兩短鰭裝飾，較圖版41-4明顯許多，有雲雷紋補地。

41-7

圖版 41-7：

器名：旂父癸壺。部位：頸部。時代：西周早期。上海博物館藏。

紋飾說明：紋飾特徵與圖版41-6相近，但龍首的形態略有差異，目兩側有延伸的線條繞至角處，且身軀棱脊較細，僅留白，中無細線，似無地紋。

41-8

圖版 41-8：

器名：洹秦簋。部位：口沿。時代：西周早期。

紋飾說明：龍首居中正視，身軀於兩側呈波曲狀開展。圓形目，唇型爲正面張口狀，內卷狀彎角，龍首略似羊首，雙目間有中空菱形紋裝飾，身軀以鱗紋裝飾，但鱗紋一個個分開而無相互重疊，尾部則以線條裝飾，無足，身軀兩側波曲凹折處有圓渦紋裝飾，有雲雷紋補地。本圖版較其他圖版細膩，不論在龍首及身軀的刻畫、裝飾上，或是身側的圓渦紋，補地的雲雷紋等，線條皆較本型其他圖版細緻、規整。

〔註6〕 此器全器照片於多書中皆可見，如中國青銅器編輯委員會：《全集6》，圖7（頁7）；馬承源：《精華》，圖295（頁83）；李建偉等：《圖錄》，頁82；王世民等：《分期》，鼎圖18（頁19）。

〔註7〕 本器可見於《精華》、《商周》與《夏商周》等書，但各書年代略所差異，《精華》作商代晚期（相當於本文之殷墟晚期），《商周》與《夏商周》則作西周早期。三書中以《夏商周》一書最爲後出，且文中針對該器之紋飾、器型分別論析，說明西周早期的方形鼎仍承襲殷墟晚期的形制，但由紋飾的特徵可知爲西周早期：較《精華》與《商周》僅羅列資料較爲可信，又爲多數之說，故此處將本器定爲西周早期。上海博物館青銅器研究組：《商周》，圖369（頁129）；馬承源：《精華》，圖38（頁12）；陳佩芬：《夏商周》（西周上），頁22～23。

其他相似紋飾亦可見於天![image]簋〔註8〕口沿及圈足、婀似康方鼎（一名司母日康方鼎）〔註9〕口沿、令方彝〔註10〕頸部、飶卣〔註11〕口沿等處。以上除令方彝、飶卣爲西周早期器，其餘諸器皆爲殷墟中期至晚期器〔註12〕。而其紋飾特徵方面亦略有差異，目型方面，天![image]簋、婀似康方鼎、飶卣爲圓形目，令方彝因照片角度，目型不甚清晰；唇型僅做正面張口狀；角型除天![image]簋口沿爲浮雕狀瓶狀角之外，其他皆爲浮雕狀的內卷彎角，天![image]簋、婀似康方鼎等皆以菱格紋裝飾身軀，令方彝、飶卣則以鱗紋爲裝飾，令方彝之鱗紋形式與圖版 41-5 至 41-7 相似，飶卣則與圖版 41-8 近似，分屬兩種不同的鱗紋風貌；此外，由銅器照片可知，雙身型龍紋與器表皆做突起的浮雕狀；身側紋飾方面，天![image]簋圈足紋飾、婀似康方鼎爲圓渦紋，令方彝則爲對稱彎勾的短鰭，飶卣口沿紋飾則是左右腹下各有二爪狀足，但身側無其他紋飾裝飾；地紋方面則全以雲雷紋爲地紋。

綜合以上資料可歸結出殷墟時期與西周時期裝飾的特點，殷墟時期的雙身型爬行龍紋皆以菱格紋爲身軀裝飾，並多以圓渦紋爲身軀兩側的裝飾；而西周時期則以鱗紋爲身軀裝飾，多以兩對稱的彎勾短鰭爲身軀兩側的裝飾。此點於上列圖版中亦可得到驗證，圖版 41-1 至 41-4 皆爲殷墟時期之紋飾，圖

〔註8〕 容庚：《通考》，圖 103（頁 111）；容庚：《武英殿彝器圖錄》（收於劉慶柱主編：《金文文獻集成》第二十冊，香港：明石文化，2004 年），頁 116，商代晚期器（相當本文之殷墟時期）。圈足紋飾亦見於林巳奈夫：《紋樣》，圖 3-184（頁 113），其時代作西周中期。但參酌其器型外觀與紋飾風格加以判斷，與筆者蒐集之殷墟紋飾較爲相近，故筆者此處時代採容庚之說。圈足紋飾如下：

〔註9〕 馬承源：《精華》，圖 40（頁 12）。商代晚期器（相當本文之殷墟時期），陝西扶風白龍村出土，扶風縣文化館藏。

〔註10〕李建偉等：《圖錄》，頁 166。西周早期器，河南洛陽馬坡出土，美國弗利爾美術館藏。

〔註11〕中國青銅器全集編輯委員會：《全集6》，圖 136、137（頁 132～133）。西周早期器，陝西涇陽高家堡一號墓出土，現藏陝西歷史博物館。

〔註12〕根據註8、註9中出處原始資料，其年代作商代晚期，相當於本文殷墟時期的範疇，但根據紋飾的特徵，及與司![字]母方壺的相似度，可推斷年代相距不遠，又殷墟早期紋飾未見如此精細者，而西周之後則多以鱗紋做身軀裝飾，因此至少可推斷其時代範圍爲殷墟中期至晚期之間。

版 41-4 身軀紋飾不清，暫時不列入討論，但圖版 41-1、41-2、41-3 皆可見身軀為菱格紋，其中 41-2、41-3 並身側搭配圓渦紋；圖版 41-5 至 41-8 身軀為鱗紋，除圖版 41-8 以圓渦紋裝飾外，其餘皆以兩對稱的彎勾裝飾，與上述現象吻合。上列所有的文字及圖版資料中，以圖版 41-1 的司𡥏母方壺最為特別，以臣字形目、瓶狀角為飾，天🐛簋亦以瓶狀角為飾，但角型較司𡥏母方壺小，且不為臣字形目，為圓形目，與司𡥏母方壺有所區別；其餘紋飾皆為圓形目、內卷狀彎角。整體而言，不論殷墟或西周時期的龍紋，皆有圓形目、內卷狀彎角、雲雷紋補地的特色，且多無足。在上述紋飾中，僅司𡥏母方壺肩部與天🐛簋口沿紋飾以瓶狀角及爪為裝飾，較為特殊，兩者時代皆為殷墟時期，西周時未見其他同時以瓶狀角與爪為裝飾的器，是除上述身軀紋飾與身側裝飾的差異外，另一個可做為時代區別的特徵。

　　此外，值得一提的啓卣口沿紋飾〔註 13〕，其拓本於《古代》一書中被朱鳳瀚列入單首雙身龍紋（即本文所謂雙身型爬行龍紋）的圖例〔註 14〕，其紋飾龍首正視，身軀為線條，於身軀兩側波曲凹折處有中空的環狀紋飾，有雲雷紋補地，與本型龍紋之特徵有幾分相似。但依筆者參閱他書啓卣之全器照片，發現啓卣口沿紋飾，僅龍紋突起，身軀未做突出，為兩條平行的波曲狀線條，上無鱗紋或菱格紋等任何裝飾，整體而言身軀較上述紋飾單薄許多，並且亦無浮雕的特色，與上述歸結之本型龍紋特徵不合。又《全集》中針對該器之紋飾說明，以器身飾波曲紋且有突起的獸首形容〔註 15〕；《精華》亦以變形波曲紋說明〔註 16〕。故筆者此處未將啓卣上之紋飾歸入雙身型爬行龍紋。

　　綜合以上年代資料，雙身型爬行龍紋見於殷墟中期至西周早期。雙身型爬行龍紋，馬承源稱之為雙尾龍紋，於《中國青銅器》歸納其流行時間為商代晚期至西周中期〔註 17〕；上海博物館亦稱為雙尾龍紋，其所出之《商周》一書中年代則定為殷墟晚期至西周時期〔註 18〕；容庚稱兩尾龍紋，通行於商代及周初〔註 19〕；朱鳳瀚稱單首雙身龍紋，認為主要流行於殷代晚期至西周

〔註 13〕　本器為西周中期器，出土於山東黃縣，現為山東博物館藏。
〔註 14〕　圖見朱鳳瀚：《古代》，圖五・一一：2（頁 427）。
〔註 15〕　中國青銅器全集編輯委員會：《全集 6》，圖 90（頁 88）、說解頁 28。
〔註 16〕　馬承源：《精華》，圖 506（頁 147）。
〔註 17〕　馬承源：《中國青銅器》，頁 326。
〔註 18〕　上海博物館青銅器研究組：《商周》，頁 97。
〔註 19〕　容庚：《通考》，頁 111。

中期〔註 20〕。馬承源《中國青銅器》中所謂之商代晚期，相當於本文之殷墟時期；《商周》所謂之殷墟晚期則與本文定義相同；容庚之描述則較爲籠統，但大略可推其所謂商代，亦主要指殷墟時期之範疇，而年代下限與其他二者略爲不同；朱鳳瀚之殷代晚期即等同本文之殷墟晚期。綜上諸家之說，可發現朱鳳瀚、上海博物館等時代上限較晚，定爲殷墟晚期，容庚則年代下限略早於其他說法，僅至西周初期。

　　根據上述圖版特徵的歸納，可瞭解天🦌簋、姰似康方鼎、圖版 41-1、41-2、41-3 紋飾特徵與風格的一致性；與飲卣、圖版 41-5 至 41-8 有明顯的區隔，而圖版 41-4 則介於上述兩者之間，由圖版 41-1 司🦌母方壺可確知爲殷墟中期器，圖版 41-4 爲殷墟晚期器的線索，可推斷天🦌簋、姰似康方鼎、圖版 41-2、41-3 年代介乎殷墟中期至晚期之間。因此本文將雙身型爬行龍紋的可見上限定於殷墟中期。關於紋飾可見之年代下限，馬承源、上海博物館與朱鳳瀚皆定爲西周中期，如前文所述，朱鳳瀚將啟卣納入本型紋飾中，因此懷疑其年代下限的判斷或許有受到啟卣紋飾的影響；馬承源之研究成果亦未羅列詳細的資料，不知其判斷從何而來；而《商周》所列雙首型爬行龍紋之圖例有五，其中戰國早期的雙體龍紋鼎之紋飾爲筆者以爲屬交體龍紋〔註 21〕，不在本文討論範圍，其餘圖版之年代分別爲殷墟晚期及西周早期；又容庚之年代下限亦定爲西周初期。因此本文將雙身型爬行龍紋的年代下限定爲西周早期，與容庚所見較爲接近。綜合以上資料可知本型龍紋時代、器類的分布如下表：

表 4-1：雙身型爬行龍紋器類暨年代一覽表

	方鼎	方彝	簋	壺	卣	鉦	合計	時　　代
雙身型	5	1	2	2	1	1	12	殷墟中期－西周早期

　　雙身型爬行龍紋數量並不多，在筆者蒐集的資料中共有十二器，由上表中明顯可見雙身型爬行龍紋以方鼎最爲常見，其數量約佔一半，其餘則分別見於簋、壺、卣、鉦、方彝上。而值得留意的是，本型龍紋皆見於方鼎之

〔註20〕 朱鳳瀚：《古代》，頁 390。
〔註21〕 見上海博物館青銅器研究組：《商周》，圖 367-371（頁 129～130），雙體龍紋鼎爲圖 371。

上，未見於圓鼎者；而方彝、方壺（司**舉**母方壺）器形皆爲方形；在上述十二器中，即有七器可確知爲方形器皿，爲雙身型爬行龍紋在器類運用上的特點。

　　紋飾特徵方面，目型以圓形目爲主，僅見一例爲臣字形目；時代上，殷墟中期爲臣字形目，殷墟中晚期乃至西周早期則爲圓形目，兩目型之間似有時代區別。唇型則皆做正面張口狀，在時代中無所區別。角型以內卷彎角爲多數，少數爲瓶狀角；其中瓶狀角僅侷限於殷墟時期。身軀裝飾有菱格紋與鱗紋兩種，其中鱗紋多搭配彎勾的短鰭爲飾，兩者數量相當；菱格紋見於殷墟時期，鱗紋則見於西周時期，兩者時代分界明顯。紋飾多無足，僅三例可見爪狀足爲飾；爪狀足可見時代分散，分別見於殷墟中期、殷墟中晚期、西周早期各一例，換言之，兩種足部形式皆可見於殷墟至西周時期。上述各部件特徵中，以目型、身軀裝飾較具時代判斷的特徵，角型雖略具時代分界，但若單就角型判斷時代，則證據略顯薄弱，搭配其他部件特徵，足型則兩種形式可見時代相當，需與其他部件特徵一併考量。（各部件特徵與時代的關聯之整理可參見表 4-2）

　　雙身型龍紋，由於其龍紋身軀呈爬行的特徵，故歸入爬行龍紋一類，雖具有身軀紋飾與身軀兩側裝飾的差異，但整體而言紋飾的相同性仍高，又由於整體數量不多，故不再分式。值得注意的是，爬行龍紋龍首多呈側視的形象，極少數呈正視的形象。本型龍紋除雙身的特徵外，正視的龍首形式亦與其他爬行龍紋有所區別，如角型的運用最爲明顯。上述圖例，除圖版 41-1 爲瓶狀角與圖版 41-2 拓本不清之外，其餘龍紋之龍首皆爲內卷狀彎角，如羊角的形式，但爲內卷狀，故整體略似羊首；本型龍紋此特徵亦見於下文的 O 卷 I A 卷龍紋，其可見年代本文定爲殷墟中期至西周早期，恰與雙身型爬行龍紋相同，兩者間的關聯，則待本章小結中進行討論。

表 4-2：雙身型爬行龍紋各部件特徵與時代關係表

	時　　　代　　　特　　　色
目	1. 整體以圓形目爲主。 2. 殷墟中期主要爲臣字形目。 3. 殷墟中晚期乃至西周早期則主要爲圓形目。
唇	1. 唇型皆做正面張口狀。 2. 形態在殷墟中期至西周早期間並無區別。

龍首裝飾	1. 角型以內卷彎角爲多數，少數爲瓶狀角。 2. 瓶狀角僅侷限於殷墟時期，內卷彎角可見於殷墟中期至西周早期。
身	1. 菱格紋見於殷墟時期。 2. 鱗紋則見於西周時期。
足	1. 多無足，僅三例做爪狀足，但時代分散。 2. 殷墟中期至西周早期兩種足部形式皆可見。

第二節　C 型卷龍紋

　　C 型卷龍紋在身軀形態上與前述顧 L 型龍紋有些相似，主要分別在於身軀卷曲的程度，顧 L 型龍紋首尾距離較遠而不相及，C 型卷龍紋則如英文字母「C」之形狀，首尾已幾乎相接，大致呈有缺口之環狀。

一、C 卷 I 式：尾部下垂

圖版 42-1：

器名：卣。部位：不明。時代：殷墟中期。

紋飾說明：圓形目，雙唇外卷，尖角，身軀上以較粗的雲雷紋密布裝飾，無足無翼，以較細的雲雷紋做地紋。

42-1

二、C 卷 II 式：尾部彎勾

　　本式龍紋尾部呈彎勾狀，次依口部特色再行分組，A 組口部無鬚狀裝飾，B 組口部有鬚狀裝飾。

（一）C 卷 II A：口部無鬚狀裝飾

圖版 42-2：

器名：司母辛四足觥。部位：左前足外側。時代：殷墟中期。出土地：河南安陽殷墟五號墓（M5：803）。

紋飾說明：方形目，有與龍首同大的尖角，雙唇外卷，身軀上以雲雷紋密布裝飾，腹部靠近尾部上方處有豎起的短勾，可能爲其短鰭，以較細的雲雷紋補地。身軀形態與圖版 42-1 相似，主要差異在於尾部呈現彎勾狀，可能爲圖版 42-1 推衍而成之形式。

42-2

　　將圖版 42-1 與圖版 42-2 比對，可發現兩紋飾間有極高的關聯性，不論是角與雙唇的形態、身軀與地紋的裝飾、身軀彎折的方式等，兩者間的相似性非常明顯。兩龍紋角型皆爲尖角，其尖角根部皆略粗、整體不長，呈桃心形，與其他尖角偏瘦長的水滴形不太一致；唇型則皆雙唇外卷；身軀皆有雲雷紋裝飾並皆無足無翼；並有較細的雲雷紋爲補地。兩者差異主要在於圖版 42-2 尾部呈現彎勾狀，細節上如方形目與圓形目的差異、尾部豎起的短勾、角大小的差異等，只是紋飾裝飾時不同的運用，並不妨礙紋飾整體構圖特徵的判斷。而兩者主要差異表現於尾部之上，而此差異與年代上似有所關聯，此推論待 C 卷 II B、C 卷 III 式紋飾分析後再進一步加以討論。

（二）C 卷 II B：口部無鬚狀裝飾

42-3

圖版 42-3：
器名：亞酗觚。部位：圈足。時代：殷墟中期。
紋飾說明：兩龍相對，中有棱脊隔開。圓形目，雙唇內卷，無角，龍首上有類似長翼或長冠的裝飾，口下有一條彎勾的鬚，身軀爲粗黑線，腹下無足，尾部彎勾。有細密的雲雷紋爲地紋。棱脊中間高，兩側呈斜坡狀，與其他器的棱脊不同，屬商代晚期觚的新穎樣式。此器表面上過臘，故紋飾間略有模糊。〔註22〕

42-4

圖版 42-4：
器名：尊或罍〔註23〕。部位：不明。時代：殷墟晚期。
紋飾說明：圓形目，雙唇內卷，無角，龍首上有類似長翼或長冠的裝飾，口下有二條彎勾的鬚，身軀爲粗黑線，腹下有一彎勾足，尾部彎勾，似無地紋，由拓本右側可見棱脊的痕跡。由其他圖版中可知 C III B 諸紋飾多爲兩龍相對，出現於圈足部位，其器類皆多爲水、酒器，紋飾構圖與運用器類皆相似；又本圖版右側有棱脊痕跡，紋飾做對稱安排的機率極高，故疑圖版 42-4 應亦爲出現於圈足部位，且兩龍相對的紋飾。

〔註22〕　本圖版可見陳佩芬：《夏商周》（夏商下），頁 231 及上海博物館青銅器研究組：《商周》，圖 403（頁 140）。時代上陳佩芬定爲商代晚期，《商周》則作殷墟中期。根據筆者之觀察，陳佩芬分期中之商代晚期，實涵蓋殷墟中期、殷墟晚期之階段，較爲寬泛，故時代採《商周》之說，較爲精確，然於紋飾說明中，則保留陳佩芬對於該器說解之原文。

〔註23〕　此圖版之器類資料分歧，顧望等：《圖典》（頁 163）作尊；林巳奈夫：《紋樣》，圖 5-127（頁 179）作罍。然《圖典》無各圖版之出處，又《紋樣》此圖版出處資料爲《歐米》第一冊，頁 16，此書國內各大圖書館無收藏，故無從複查。此處將兩者說法並列，以供查檢。

42-5

42-6

圖版 42-5：

器名：商婦嫇𦰩觚。部位：圈足。時代：殷墟晚期。中國歷史博物館藏。

紋飾說明：兩龍相對，中有棱脊隔開。目型不甚清楚，可能爲圓形目，雙唇內卷，無角，龍首上有類似長翼或長冠的裝飾，口下有一條彎勾的鬚，腹下有一彎勾足，尾部彎勾。有雲雷紋爲地紋。棱脊形態與圖版 42-3 相同，呈斜坡狀。左側龍紋腹下有翎羽狀裝飾，未知何物。整體紋飾特色與圖版 42-3 相近。由全器照片可知本器腹部爲獸面紋。〔註 24〕

圖版 42-6：

器名：父己觚。部位：圈足。時代：殷墟晚期。出土地：河南安陽孝民屯南 856 號墓（GM856：1）。中國社會科學院考古研究所藏。

紋飾說明：紋飾特徵與圖版 42-3、42-5 近似，皆有雙唇內卷、口下有一彎勾的鬚、龍首上有類似長翼或長冠的裝飾等特點。但本圖版龍紋身軀內有雲雷紋裝飾，與前述圖版中身軀素面的形態不同。且具臣字形目、腹下有兩足等細微的差異。與本圖版相似紋飾尚見於同時期的夷觚，兩者於紋飾、器型、棱脊形態等皆幾乎相同，唯有幾點細小的差異：父己觚銅質略優於夷觚；父己觚口沿方唇較寬，且圈足斜侈接地，但夷觚唇部較窄，圈足垂直接地；父己觚圈足與腹部間僅飾一道弦紋，夷觚則有兩道弦紋；並由全器照片可知腹部爲倒立狀前直 III B。〔註 25〕

　　C 卷 II B 紋飾形態與其他龍紋差異明顯，主要特徵在於雙唇內卷、口下有彎勾狀鬚、龍首上有類似長翼或長冠的裝飾等特點；雖有目型、鬚的數量、足的數量與位置等差異，但由資料中可知，這些差異未構成年代判斷上的標準，僅是紋飾彈性運用的表現。上述主要特徵於其他類型龍紋中皆未見，紋飾辨識度高。如龍紋雙唇形態雖多有變化，然綜觀整體，則以雙唇外卷、雙唇上卷此二種形式最爲常見，並應用於其他各型式龍紋中，雙唇內卷者則僅見於本組龍紋；龍紋中著鬚的龍紋不多，主要以 O 型卷龍紋爲多（參見本章

〔註 24〕本器之全器照片與腹部、圈足之圖版，請見石志廉：〈商婦嫇𦰩銅觚〉，《文物》，1980 年 12 月，頁 91，圖 1-3。

〔註 25〕以上關於夷觚之相關資料，詳見保利藏金編輯委員會：《保利藏金》（廣州：嶺南美術出版社，1999 年），頁 40。該圖版器名略有出入，《殷墟》、《全集》稱父己觚；《圖錄》稱天乙觚；《精華》稱天觚；《保利藏金》稱天冊父己觚，然由圖版及相關資料可知爲同一器，此處器名採《殷墟》、《全集》之說。相關資料可見中國社會科學院考古研究所：《殷墟》，圖版七十七、圖七十六：2；李建偉等：《圖錄》，頁 118；中國青銅器全集編輯委員會：《全集 2》，圖版 116、117（頁 120、121）；馬承源：《精華》，圖 200（頁 57）等書。

第二節），但其鬚的形態與本組龍紋有顯著的差異；下折ⅠA雖口部如鬚（參見本文第二章第四節），但亦與本組龍紋特徵有所區別；龍首裝飾亦多與龍首相連，並以角、冠最爲常見，其間型式雖有差異，但亦未見如本組龍紋如此特殊者。

然C卷ⅡB龍紋數量不多，在筆者蒐錄的資料中，僅見上述四器，加以文字補充資料，共有五器。由資料中可知C卷ⅡB龍紋以瓬器之圈足部位最爲常見，以上五器資料中，僅圖版42-4不出現於瓬外，其餘皆爲瓬器。除龍紋本身形態的特色外，C卷ⅡB紋飾所出現之瓬器，其棱脊的形態亦與其他瓬器不同，呈斜坡狀，頗爲特別，屬商代晚期特有新穎的器型。因此在分析C卷ⅡB紋飾之可見年代時，此特殊棱脊的瓬器亦可加入考量，由器型流行的角度加以分析。根據陳佩芬的分析，此種形態特殊的瓬器，爲商代晚期新穎的樣式〔註26〕；而根據馬承源之研究，將天己瓬列爲其瓬器分式的第十二式，爲商代晚期器〔註27〕。並指出西周瓬趨向衰落，可能用漆木瓬代替青銅瓬。換言之，此種樣式之瓬器僅見於商代晚期，未見於西周時期；而馬承源、陳佩芬所言之商代晚期，範圍即涵蓋本文分期中的殷墟中期及晚期，其年代範圍恰與上述資料相合。

綜上所述，可知C卷ⅡB紋飾多出現於瓬之圈足，且棱脊形態特別，與其他瓬器不同；龍紋本身的形態亦不同於其他龍紋，具有雙唇內卷、唇下有彎勾的鬚、龍首上的裝飾略似長冠或長翼且與龍首分離等特點。而由圖版資料及器型特徵等角度分析，C卷ⅡB紋飾可見於殷墟中期至殷墟晚期，主要見於殷墟晚期，西周以後則未見。整體而言，C卷ⅡB龍紋具有高度的特殊性，辨別度高，出現的器類與時代亦集中而不具爭議，因此在斷代辨僞的分析中容易辨別，爲一項有利的指標。

三、C卷Ⅲ式：尾部平直

本式龍紋尾部平直，不做下垂或彎勾狀，依龍紋旁有無飾以圓渦紋的差別，分做兩組：A組旁無圓渦紋，B組旁飾圓渦紋。

〔註26〕見陳佩芬：《夏商周》（夏商下），頁231。
〔註27〕馬承源在《中國青銅器》一書中將商代瓬器分作十二式，其中第十二式即以父己瓬爲例。見馬承源：《中國青銅器》，瓬圖12（頁182）、器物材料資料頁593。

（一）C卷 III A：旁無圓渦紋

42-7

圖版 42-7：

器名：龔子觚。部位：圈足。時代：殷墟中期。上海博物館藏。

紋飾說明：兩龍皆向右排列，中有棱脊間隔。曲折角，臣字形目，唇的形態不明顯，龍紋左側有凹字形耳，腹下有二足。身軀與地紋紋飾相同，為細密的雲雷紋，龍紋主體以粗黑的輪廓線勾勒，以與地紋區別。由銅器彩照可知腹部搭配倒立的前直 III B 龍紋（參本文第二章第一節）〔註28〕。與本圖版相似之龍紋，尚見於ㄏ觚〔註29〕、父己觚〔註30〕上。前者紋飾位於圈足，特徵與本圖版相似，但龍首向左；腹部亦搭配倒立的前直 III B 龍紋，但身軀以粗線條表示，較為特別。後者腹部與圈足皆屬本組龍紋，圈足紋飾與本圖版相似，但龍紋相對，非同向排列；腹部紋飾則略似圖版 42-9，但為尖角，角旁則有由身軀延伸而出的平行線條，較為特別。以上兩器皆屬商器。〔註31〕

42-8

圖版 42-8：

器名：黃觚。部位：圈足。時代：殷墟中期。上海博物館藏。

紋飾說明：兩龍相對排列，中有棱脊間隔。其他紋飾特徵與圖版 42-7 相似，腹部亦搭配倒立狀前直 III B 紋飾。但由彩照中可知龍紋主體以鏤空的線條（即拓本中白色粗線）與地紋區隔〔註32〕，紋飾的藝術手法與上圖略微不同。其他相同手法的紋飾亦見於受觚〔註33〕、婦好觚〔註34〕圈足部位。前者紋飾特徵與本圖版相似，腹部搭配紋飾可能為獸面紋或倒立狀之前直 III B 紋飾，但由於照片角度無法清楚辨

〔註28〕銅器照片可參陳佩芬：《夏商周》（夏商篇下），頁 234；中國青銅器全集編輯委員會：《全集5》，圖版 124（頁 128）。

〔註29〕見容庚：《頌齋吉金續錄》（收於劉慶柱主編：《金文文獻集成》第十九冊，香港：明石文化，2004年），圖 64。商器，延鴻閣舊藏。於後引用此書簡稱《頌續》。

〔註30〕見容庚：《頌續》，圖 62。商器，西安出土。由全器照片與紋飾拓本可知與圖版 42-6 為不同器。

〔註31〕資料出處參上二註，由容庚《頌續》之資料，並無法判斷屬本文分期中的殷墟何期，故保留資料原有之書寫。但由與本組圖版的比對後可推測，此二器時間應屬殷墟中期。

〔註32〕銅器照片可參陳佩芬：《夏商周》（夏商下），頁 232；中國青銅器全集編輯委員會：《全集5》，圖版 125（頁 129）。

〔註33〕丁孟：《200》，圖 25（頁 44）。

〔註34〕中國社會科學院考古研究所：《婦好》，圖 50-1（頁 76）。亦可見於馬承源：《精華》，圖 201（頁 57）；中國青銅器全集編輯委員會：《全集2》，圖版 105（頁 109）。

別，屬商代晚期器〔註 35〕。後者圈足紋飾則龍紋做相對排列，腹部亦搭配倒立前直 III B 紋飾，爲殷墟中期器。

42-9

圖版 42-9：

器名：戈觚。部位：腹部。時代：殷墟中期。

紋飾說明：紋飾特徵與圖版 42-7 近似，紋飾外框以實線表示，非爲鏤空狀；但龍紋做相對構圖。本器圈足紋飾爲下折 I 式龍紋（參本文第二章第四節圖版 24-4）。本器裝飾組合較爲特殊，目前未見其他觚器與本器相同或相似者。

　　其餘相似圖版尚可見於《紋樣》圖 5-100～5-106（頁 176），其中圖版 5-103 爲黃觚拓本，故於下文的討論中即不再重複，其他紋飾特徵皆與上述三圖版相似，唯線條粗細略有不同，而目、唇、角、身、足、地紋等各部位特徵皆屬臣字形目、唇型不明、曲折角、身軀有雲雷紋並以粗黑線或鏤空與地紋區隔、腹下有二足、有雲雷紋爲地紋、龍首旁皆有凹字形耳；除圖 5-102 爲殷墟晚期器之外，其餘皆爲殷墟中期器；器類上則皆爲觚器，並皆出現於圈足部位。然林巳奈夫將其歸入「顧首 L 字形龍」一類，與筆者分類不同。如前所述 C 型卷龍紋與顧 L 型龍紋有其相似之處，但兩相比對後即可發現，C 型卷龍紋首尾幾近相接，由上列圖例不難看出此現象，故筆者仍將其歸入 C 型卷龍紋一類。

　　由上列圖版中可看出 C 卷 III A 龍紋特徵爲：臣字形目、雙唇形態不明顯、曲折角、有凹字形耳、腹下有兩足，一足位於身軀彎折處，一足則靠近尾端，身軀與地紋則以粗黑的輪廓線，或以鏤空的方式做區隔。可見時間則皆主要爲殷墟中期，由於部份紋飾可知年代範圍較大，故時代下限或可延至殷墟晚期。各圖版紋飾間差異不大，其中僅父己觚腹部紋飾較爲特別，以尖角裝飾，然其他特徵則與 C 卷 III A 其他紋飾相同。由上述資料中可知，C 卷 III A 紋飾主要出現於觚器圈足，觚器腹部僅見二例（父己觚與圖版 42-9），故父己觚腹部紋飾的特殊性，或許與紋飾出現部位有關。因本組紋飾腹部多搭配倒立狀的前直 III B 龍紋，前直 III B 龍紋即以尖角做爲裝飾；此外，父己觚腹部紋飾角旁有延伸線條，亦可能是受到顧直型龍紋影響〔註 36〕。在本節文首即已提

〔註 35〕《200》一書之商代分期僅分前期、後期兩階段，其商代晚期的範圍即整個殷墟時期，由於無他書資料可供比對此器屬殷墟何期，故此處暫引《200》原說。然考量器型與紋飾特徵，筆者竊以爲屬殷墟中期的機會較高。關於此書分期資料與標準見丁孟：《200》，頁 9。

〔註 36〕參本文第三章第一節之分析，顧直型龍紋角旁皆有延伸線條。

出顧 L 型龍紋與 C 型卷龍紋的相似之處，而顧 L 型龍紋與顧直型龍紋間特徵近似，主要差別在於身軀彎折的有無〔註 37〕，故兩者紋飾間有些許相似之特色並不足以爲奇。

　　C 卷 III A 紋飾重要而顯著的特色爲多以曲折角飾龍首，並且角的比例快與身軀等大，顯示角佔的比例偏高。此特徵與下折 I A 相似〔註 38〕，兩者紋飾皆主要出現於觚器圈足；此現象則提供觚器偏好之紋飾特徵的線索，筆者推測觚器圈足呈喇叭狀，紋飾可發展空間較其他器類之圈足大，不像一般器類圈足爲狹窄的帶狀空間，故可以較大的角型吸引觀賞者的目光，發展出不同於其他器類圈足的特色。而凹字形耳亦爲 C 卷 III A 紋飾重要之特色，多數龍紋皆無耳，僅於少數龍紋中可見耳的裝飾，如 O 型卷龍紋中亦可見耳的裝飾〔註 39〕，但多爲葉狀耳，少數爲凹字形耳；即便爲凹字形耳，其形態亦與 C 卷 III A 之凹字形耳略有差異，C 卷 III A 龍紋之凹字形耳呈實心狀，與 O 型卷龍紋之凹字形耳呈中空狀的形式不同。其他如臣字形目、雙唇形態不明顯等特徵，亦爲 C 卷 III A 紋飾之特徵，但於其他龍紋亦可見相似的形態，特殊性較低。

　　由《夏商周》等書的銅器照片可知，C 卷 III A 組紋飾的藝術表現手法有二：一爲細密的平雕，除瞳仁凸起外，紋飾整體平滑，僅以線條粗細將地紋與主紋區別開來，如圖版 42-7。一種則以鏤空的處理方式代替較粗的線條將主、地紋區隔，屬透雕的手法，如圖版 42-8。此兩種形式運用程度參半，可見時間皆爲殷墟中期，至多到殷墟晚期，然由圖版特徵中看不出時代前後的差距，可知 C 卷 III A 紋飾於可見時間中紋飾特徵並無改變的徵兆與現象。而圖版 42-7 龍紋呈同向排列，與圖版 42-8、42-9 呈相對排列之龍紋，在年代上亦無明顯的差異與區別，應是運用時彈性調整的手段，與年代的流行無關。

　　綜上所述，C 卷 III A 紋飾圖版有三器，加以文字補充資料有十器，共計分析十三器。其器類全爲觚器，並以圈足爲主要出現部位；可見年代主要爲殷墟中期，下限可延至殷墟晚期。時間上略早於 C 卷 II B 紋飾，兩者皆多見於觚器圈足，此現象顯示觚器型式、紋飾的改變，可做爲觚器時代上的區別。

〔註 37〕 參本文第三章第二節之介紹。
〔註 38〕 參本文第二章第四節之分析。
〔註 39〕 詳參本章第二節之介紹。

紋飾特徵則與前述下折 I 式在角型與角的比例上略有相似，並多見於觚器圈足，腹部亦多以倒立的前直型龍紋做裝飾，在可知資料中僅圖版 42-9 紋飾搭配上較爲特殊。兩者主要可見時間皆爲殷墟中期，更可證明殷墟晚期時觚器器型與紋飾的改變。

（二）C 卷 III B：旁飾圓渦紋

本組紋飾龍紋短小，並搭配圓渦紋間隔其中，整體呈帶狀，多與獸面紋搭配。與前述 C 卷 III A 龍紋佔器表比例大，且無其他紋飾搭配的形式差異較大。

42-10

圖版 42-10：

器名：獸面紋簋。部位：口沿。時代：殷墟晚期。

紋飾說明：龍紋相背排列，並與圓渦紋相互間隔，中有尖耳獸面紋。目型不明，但由其他圖版推測，圓形目的機率較高，雙唇上卷，曲折角，龍首朝向尾部，腹下有二足，胸前有豎起的彎勾短鰭，無地紋裝飾。

42-11

圖版 42-11：

器名：亞𢀚父丁簋。部位：腹部。時代：西周早期。

紋飾說明：龍紋相背排列，並與圓渦紋相互間隔，中有圓耳獸面紋。左右最外側龍紋較清晰，可見其特徵爲圓形目，雙唇上卷，曲折角，龍首朝向尾部，腹下有二足，胸前有豎起的彎勾短鰭，無地紋裝飾。

42-12

圖版 42-12：

器名：仲競簋。部位：腹部。時代：西周早期。

紋飾說明：龍紋特徵及構圖皆與圖版 42-11 相似，但胸前爲 T 形裝飾，非豎起的彎勾；其餘特徵則皆相同。本圖版之胸前裝飾與其他圖版不同，頗爲特殊。

42-13

圖版 42-13：

器名：鳥紋方座簋。部位：口沿。時代：西周早期。上海博物館藏。

紋飾說明：龍紋特徵及構圖皆與圖版 42-11 相似，不再贅述。

42-14

圖版 42-14：

器名：火龍紋簋。部位：口沿。時代：西周早期。

紋飾說明：龍紋相背排列，並與圓渦紋相互間隔，中有圓耳獸面紋；本圖版之圓渦紋與其他圖版略異，外圍似有粗黑外框，屬較少見的形式。龍紋特徵爲圓形目，上唇上卷，下唇倒 T 形，長冠，龍首朝向尾部，尾部略微

下垂（左側二龍尤其明顯），但大致仍屬平直，腹下有二足，胸前有豎起的彎勾短鰭，有雲雷紋爲地紋裝飾。本圖版不論是唇型或龍首裝飾，皆非常特別，並尾部有略微下垂的傾向，於 C 卷 III B 龍紋中僅見此例，非常特別。

42-15

圖版 42-15：

器名：佣生簋（又名伯格簋）〔註 40〕。部位：口沿。時代：西周恭王（西周中期）。上海博物館藏。

紋飾說明：龍紋同向（右）排列，並與圓渦紋相互間隔，中有圓耳獸面紋。圓形目，雙唇上卷，曲折角，龍首朝向尾部，腹下有二足，胸前有豎起的彎勾短鰭，但接近腹部，位置偏下，以雲雷紋爲地紋。本器傳世有數件〔註 41〕，本圖版屬上海博物館藏器之拓本。

42-16

圖版 42-16：

器名：佣生簋（又名伯格簋）。部位：口沿。時代：西周恭王（西周中期）。北京故宮博物院藏。

紋飾說明：紋飾特徵與圖版 42-15 相似，但龍紋相背排列，且無地紋裝飾，其餘特徵皆則相同。本圖版亦爲佣生簋，但屬北京故宮博物院館藏器之拓本。〔註 42〕

　　與 C 卷 III B 相似之龍紋尚可見於堇臨簋、父乙簋、作寶彝簋、貉簋之口沿與圈足，伯簋、獸面紋高圈足簋之口沿，宜侯矢簋之腹部，夔紋罍之肩部

〔註40〕收藏本器之資料有《精華》、《商周》、《夏商周》、《文集》、《200》、《分期》等書，由書中資料可知此器銘文內容中主要人物爲佣生與伯格，故舊稱伯格簋；然由銘文可知作器者爲佣生，當以佣生簋定名較爲恰當。相關資料詳見馬承源：《精華》，圖 385（頁 110）；上海博物館青銅器研究組：《商周》，圖 679（頁 240）；陳佩芬：《夏商周》（西周上），頁 273～276；中國青銅器全集編輯委員會：《全集 5》，圖 62（頁 59）、說解頁 19；丁孟：《200》，圖 80（頁 120）；王世民等：《分期》，簋圖 52（頁 77），頁 81～82。其中《商周》一書僅收拓本，並說明器名、時代，無該器物詳細相關資料。

〔註41〕傳世器之數量有三器與四器兩種說法，三器說如陳佩芬，四器說如丁孟。一器在上海博物館，一器在（北京）故宮博物院，一器在中國國家博物館（舊名中國歷史博物館）；其中的差異在於丁孟認爲尚有一器下落不詳，陳佩芬則無。出處請參上註。

〔註42〕《夏商周》爲上海博物館藏品研究之專書，而《200》爲北京博物院藏品介紹之專書，故可確知龍紋同向排列爲上海博物館藏品，相背排列爲北京故宮博物院館藏品。又《精華》中龍紋同向排列，亦標明爲上海博物館藏。較有問題的爲《文集 5》、《分期》二書，其圖版爲相背排列，資料卻寫上海博物館藏。筆者認爲《夏商周》與《200》分別爲上海博物館與北京故宮博物院藏品之研究、介紹專書，又有《精華》一書作輔證，其資料可性度較高。故筆者推測《文集》、《分期》資料或許有誤。出處請參本章註40。

〔註43〕，以及《紋樣》圖 5-111、5-113 之拓本，分別見於小型盂及簋〔註44〕。以上除伯簋與《紋樣》圖 5-111 爲西周中期器，《紋樣》圖 5-113 爲西周晚期器外，其餘皆屬西周早期器；其中宜侯夨則可知爲康王時器。紋飾特徵方面，目型皆爲圓形目；角型除父乙簋爲半環狀角，作寶彝簋爲 T 型角之外，其餘皆爲曲折角；唇型則皆爲雙唇上卷；身軀皆以粗黑線表示，並皆與圓渦紋相互搭配；足部以夔紋罍形態最爲特別，紋飾歧出線條皆位在內側，與其他紋飾形態略異，並有四處彎勾，似有四足，其餘皆腹下有二彎勾足；紋飾胸前的彎勾線條，除《紋樣》圖 5-113 位於胸前偏下接近足部的地方（與圖版 42-15、42-16 相似），以及毃簋、宜侯夨簋因照片角度而無法得知外，其餘則位於胸前中段（如圖版 42-10、42-11、42-13）；獸面搭配上，除夔紋罍外，宜侯夨簋亦無獸面搭配；其他紋飾則皆有獸面紋做搭配，並多爲圓耳獸面紋，僅獸面紋高圈足簋與尖耳獸面紋搭配。

　　綜上所述，C 卷 III B 圖版資料七器，文字資料十器，共計分析十七器。可見年代由殷墟晚期至西周晚期，其中殷墟晚期一器，西周早期十一器，西周中期四器，西周晚期一器，故可得知 C 卷 III B 紋飾始見於殷墟晚期，主要流行於西周早期，西周中期、晚期仍有少數的運用。器類則以簋器爲多，共有十五器，其他分屬罍與小型盂。

　　由圖例中可看出，C 卷 III B 紋飾多以曲折角爲裝飾，龍首回顧幾與尾部接觸，尾部平直，多雙唇上卷，腹下有二足，胸前有彎勾狀裝飾，與圓渦紋間隔排列，並多有獸面紋搭配。圖例中僅圖版 42-14 較爲特殊，在龍首裝飾、唇型、尾部形態上皆較爲特別，分別爲長冠、下唇倒 T 形、尾部略微下垂的特徵，但紋飾整體的特徵，如紋飾的搭配、構圖等仍與 C 卷 III B 近似，屬本組紋飾之變體。大體而言，上列圖版中龍紋的特徵差異不大，其細微的差別主要表現在胸前彎勾的位置與搭配的獸面紋。

　　圖版 42-10 至 42-14 胸前彎勾位於胸前中段，雖圖版 42-12 胸口裝飾較爲特別，呈 T 字形，然其位置仍屬胸前中段；僅圖版 42-15、42-16 彎勾位置，接近足部。文字資料方面，僅《紋樣》圖 5-113 與圖版 42-15、42-16 位置相似，

〔註43〕 以上諸器資料堇臨簋見丁孟：《200》，圖 61（頁 92）；父乙簋、伯簋、夔紋罍見馬承源：《精華》，圖 350（頁 99）、圖 371（頁 106）、圖 477（頁 138）；作寶彝簋、毃簋、獸面紋高圈足簋、宜侯夨簋見王世民等：《分期》，簋圖 11（頁 61）、簋圖 42（頁 73）、簋圖 97（頁 99）、簋圖 4（頁 59）。

〔註44〕 見林巳奈夫：《紋樣》，頁 177。

及嫠簋、宜侯矢簋因照片角度而無法得知外，其餘則位於胸前中段。進一步將上述紋飾的特徵與年代一同分析，可發現胸前彎勾位於中段者，年代上皆屬西周早期以前；彎勾偏下接近足部者，年代上皆爲西周中期以後。換言之，胸前彎勾裝飾的位置，有助於判斷年代的差異，胸前彎勾位於中段者，可見於殷墟晚期、西周早期；位於接近足部者，可見於西周中期及西周晚期。

多數 C 卷 III B 紋飾皆有獸面搭配，在上述圖版及文字資料中，僅夔紋罍無搭配獸面紋，且紋飾特徵與其他圖版差異大，屬特殊的例子。多數圖版所搭配的獸面紋爲圓耳的獸面紋，僅圖版 42-10 與獸面紋高圈足簋以尖耳獸面紋做搭配。年代上圖版 42-10 爲殷墟晚期，獸面紋高圈足簋爲西周早期；此現象可知尖耳獸面紋的搭配，僅見於殷墟晚期至西周早期，然西周早期開始多以圓耳獸面紋搭配，且尖耳獸面紋被取代而不復見。

由上述的分析可知，C III B 紋飾其中的細節差異不大，有助於年代判斷的僅胸前彎勾位置與所搭配獸面紋的差異，其他如唇型則僅圖版 42-14 較爲特殊，其餘皆雙唇上卷，因此圖版 42-14 的特殊性，當以紋飾個別的特例解釋較爲恰當，與時代的關聯亦不大。

整體而言，C 卷 III B 紋飾見於殷墟晚期至西周晚期，以西周早期最爲常見，並多出現於簋器之上；大體上紋飾差異不大，但由胸前彎勾的位置與搭配之獸面紋的差異，可概分時代前後的差異。

C 型卷龍紋共十六個圖版，加以文字資料，共計分析三十七器。其中 C I 式一器，C II 式共六器，C III 式共三十器，其三式的分別在於尾部形態，C 卷 I 式尾部下垂，C 卷 II 式尾部彎勾，C 卷 III 式尾部平直。其器類及年代資料如下：

表 4-3：C 型卷龍紋器類暨年代一覽表

	瓿	簋	卣	觥	罍	盂	合計	時　　　　　代
C 卷 I 式			1				1	殷墟中期
C 卷 II A				1			1	殷墟中期
C 卷 II B	4						5	殷墟中期－殷墟晚期，主要爲殷墟晚期 備註：一器可能爲尊或罍
C 卷 III A	13						13	殷墟中期－殷墟晚期，主要爲殷墟中期
C 卷 III B		15			1	1	17	殷墟晚期－西周晚期，主要爲西周早期
合　計	17	15	1	1	1	1	37	

　　由上表可知以 C 卷 III B 紋飾數量最多，運用時間最長，主要見於簋器，又由前述圖例中可知，僅 C 卷 III B 紋飾短小，與其他型式之 C 型卷龍紋差異較大。C 卷 III A 紋飾數量次之，運用時間則集中於殷墟中期至晚期，並主要為殷墟中期，器類皆為觚器，與 C 卷 III B 有明顯區別。而 C 卷 II B、C 卷 III A 紋飾皆主要見於觚器，兩者皆可見於殷墟中期至晚期的階段，然主要運用的時間則略顯不同，前者為殷墟晚期，後者則為殷墟中期，由器類的相似與流行時代的落差可知 C 卷 II B、C 卷 III A 為觚器於不同時期中慣用紋飾的改變，有助於了解觚器上紋飾轉變的歷程；由 C 卷 III A 與 C 卷 III B 紋飾特色、器類、時代的差異，雖兩者紋飾形式有所關聯，但仍明顯可見 C 卷 III A 與 C 卷 III B 的區別性。其他 C 卷 I 式、C 卷 II A 則因圖例數量極少，器類亦不相同，較難與其他型式一併討論。

　　整體而言，C 型卷龍紋目型除拓本不清者外，可見有圓形目、方形目、臣字形目等三種，以圓形目數量最多，臣字形目次之，方形目僅見一例；其中 C 卷 III A 全為臣字形目，以及 C 卷 II B 有兩例外，其餘全為圓形目，顯示出目型與類型的關係；於時代上，則臣字形目、方形目侷限於殷墟時期，圓形目則見於殷墟時期至西周時期，顯示出 C 型卷龍紋目型運用上時代的分界。唇型則主要有雙唇外卷、雙唇上卷、雙唇內卷、不明等數種，與各式的關聯較目型更加強烈；C 卷 I 式、C 卷 II 式皆為雙唇外卷，C 卷 II B 全為雙唇內卷，C 卷 III A 雙唇形態皆不明顯，C 卷 III B 除圖版 42-14 為上唇上卷，下唇倒 T 之外，其餘皆為雙唇上卷；於時代上，雙唇外卷皆為殷墟中期，雙唇不明者多為殷墟中期，雙唇內卷者多為殷墟晚期，雙唇上卷者多為西周早期，各唇型時代分野極為明顯。角型則主要為曲折角，部分紋飾為尖角、長冠、T 形角、半環狀角；其中長冠主要見於 C 卷 II B，尖角見於 C 卷 I 式、C 卷 II A，T 形角、半環狀角則於 C 卷 III B 各見一例，屬特例，其他 C 卷 III A、C 卷 III B 多數紋飾皆為曲折角，數量最豐，顯示出 C 型卷龍紋主要龍首裝飾的形式為曲折角；時代上，尖角、長冠僅見於殷墟時期，T 形角、半環狀角見於西周早期，曲折角則可見於殷墟時期與西周時期，並以殷墟中期、西周早期兩個區塊數量最多。身軀裝飾有粗黑線、雲雷紋、棱脊留白三種，其中棱脊留白僅見一例，其餘粗黑線與雲雷紋約各佔半數；C 卷 I 式、C 卷 II A、C 卷 III A 以雲雷紋為身軀，C 卷 III B 為粗黑線，C 卷 II B 則一半為粗黑線，一半有雲雷紋點綴；時代上，雲雷紋僅見於殷墟時期，粗黑線可見於殷墟時期至西周時

期，以西周早期數量最多。足部則有一足、二足、四足與無足四種形式，以二足數量最多；C卷I式、C卷IIA皆為無足，C卷IIB多為一足，C卷IIIB有一例為四足，在整體紋飾中亦僅見此例，屬特例，於整體分析時可暫略去，其餘皆為二足；時代上，無足者皆為殷墟中期，一足者皆為殷墟晚期，四足見於西周早期，二足者可見於殷墟時期至西周時期，以西周早期數量最多。由於C型卷龍紋尾部特色各有不同，C卷I式尾部下垂，C卷II式尾部彎勾，C卷III式尾部平直；時代上，三者皆始見於殷墟中期，但可見年代下限則各式不同，尾部下垂者僅見於殷墟中期，尾部彎勾者可見於殷墟中期至晚期，尾部平直者始見於殷墟中期至西周晚期，流行年代較長，但以殷墟中期與西周早期兩階段數量最豐，從中略可看出三種尾部形式年代上的分野。上述各部件特徵與年代的關係如下表：

表4-4：C型卷龍紋各部件特徵與時代關係表

	時　　代　　特　　色
目	1.臣字形目、方形目侷限於殷墟時期。 2.圓形目則見於殷墟時期至西周時期。
唇	1.雙唇外卷皆為殷墟中期，雙唇不明者多為殷墟中期。 2.雙唇內卷者多為殷墟晚期，雙唇上卷者多為西周早期。
龍首裝飾	1.尖角、長冠僅見於殷墟時期。 2.曲折角則可見於殷墟時期與西周時期，並以殷墟中期、西周早期兩個區塊數量最多。
身	1.雲雷紋僅見於殷墟時期。 2.粗黑線可見於殷墟時期至西周時期，以西周早期數量最多。 3.尾部下垂者僅見於殷墟中期。 4.尾部彎勾者可見於殷墟中期至晚期。 5.尾部平直者見於殷墟中期至西周晚期，但以殷墟中期與西周早期兩階段數量最豐。
足	1.無足者皆為殷墟中期。 2.一足者皆為殷墟晚期。 3.二足者可見於殷墟時期至西周時期，以西周早期數量最多。

第三節　O型卷龍紋

　　指身軀盤繞成圓盤狀或環狀，頭尾已相接，或頭尾已有所重疊者，整體紋飾外觀如英文字母「O」，故以此命名。O型卷龍紋可依龍首的形態分為兩式，前者龍首居中正視，身軀以首為中心盤繞；後者，龍首呈側面多居於一

側，身軀繞成環狀，僅少數龍首居中，身軀繞成圓盤狀者。

一、O卷I式：龍首正視

指龍首居中做正面觀，身軀以首為中心盤繞一圈至二圈，以一圈或一圈半較為常見，並多做順時針方向卷繞，亦有做逆時針方向者，但比例偏少。此類龍紋依照紋飾裝飾繁簡的程度，可明顯區分為兩類。前者裝飾部件少，構圖較為簡單，姑且暫以「簡單型正視龍紋」稱之；後者紋飾部件細緻，身軀常夾見小龍，為習稱的蟠龍紋，此處保留舊稱。以下分別論述之。

（一）O卷IA：簡單型正視龍紋

O卷IA龍紋身軀纏繞緊密，目前可見資料中，並無身軀中夾見其他紋飾者。構圖簡單，僅龍的主要特徵，有角、有鱗片、身軀細長等，但無細部構件，如鬚、足、耳等。

圖版43-1：

器名：斝。部位：柱頂。時代：殷墟中期。

紋飾說明：圓形目，內卷狀彎角，龍首略似羊頭，額上有　空心的菱形紋裝飾，身軀逆時針卷繞二圈，上飾有鱗紋，無足。此型式之龍首除雙身型龍紋之外，與一般常見的龍首形象不同，但又與蛇紋特徵不同〔註45〕，故仍列入龍紋中討論。

43-1

圖版43-2：

器名：羊頭飾大銅罍。部位：蓋頂。時代：西周早期。出土地：四川彭縣竹瓦街（窖藏）。

紋飾說明：龍首形象與圖版43-1相似，但身軀較粗並為順時針卷繞一圈半，其餘特徵皆相同。

43-2

〔註45〕

青銅器上的蛇紋（如上圖），其形態一般頭部比較寬大，有突出的雙眼，曲折的身軀上有鱗節的裝飾，尾部上卷。見馬承源：《中國青銅器》，頁331、346（圖30）。其與O型卷龍紋最大的差別在於蛇紋無角，O型卷龍紋則有角；且蛇紋多做曲折狀，O型卷龍紋則做盤卷狀。

43-3

圖版 43-3：

器名：獸面飾象頭銅罍。部位：肩部。時代：西周早期。出土地：四川彭縣竹瓦街（窖藏）。

紋飾說明：龍紋整體與圖版 43-1、43-2 差異較大，龍首形象與多數龍紋較為接近，不為羊首狀。圓形目，瓶狀角，似有耳，身軀上花紋則略似百步蛇，呈黑白相間的鱗片排列，身軀做順時針卷繞二圈，無足。兩側有顧水草 I 式龍紋（圖版 36-3）。

　　O 卷 I A 紋飾數量上不算豐富，以圖版 43-1、43-2 的形態較多見，由資料中可知紋飾多位於蓋頂、柱頂等位置，做為器物頂端的裝飾，因此若無拓本，單就照片則往往因角度關係不容易發現其紋飾，故筆者蒐集的資料中僅三筆屬 O 卷 I A 紋飾。

　　由上列圖版中可知，圖版 43-1、43-2 形態相似，與圖版 43-3 不同，因此 O 卷 I A 紋飾形象可概分兩組。在《幻想》的分類中以圖版 43-2 為例，列為 O d III 式，認為斷續見於殷墟中期至春秋中期〔註46〕。就筆者掌握的資料，則可見下限僅至西周早期。因《幻想》一書並未提出圖版或其他相關資料佐證，故此處以筆者所蒐集的資料分析為主。圖版 43-2、43-3 出土於同一窖藏，其紋飾上雖不太相同，但銅罍整體器型大致相似，兩器時間上差距不應過大，故疑兩者具有時代上風格的關聯性。根據《考古》的出土報告顯示〔註47〕，其時間上限不應早於商末周初，而林巳奈夫進一步以器型做分析，認為兩器皆屬西周早期之器型，連帶紋飾的時間也得以確定。因此可將圖版 43-2、43-3 紋飾時間定為西周早期。

　　整體而言，O 卷 I A 紋飾位於器頂者（如圖版 43-1、43-2），其龍首多似羊首，與多數龍首之形象不同，判斷與紋飾出現部位有極大的關聯。O 卷 I A 紋飾位於柱頂、蓋頂等狹小的部位，O 卷 I B 出現於盤底面積較大部位之紋飾，兩者紋飾發展空間有極大的差異，因此龍首形象的刻畫細膩程度亦有所差別；而位於器物側面（如圖版 43-3），其龍首形態則較似其他龍首正視之卷龍紋，以瓶狀角為飾，並有耳，與下文 O 卷 I B 蟠龍紋特徵略為相似，但仔細比對後，仍可知兩組紋飾間具有明顯的差異性。尤其是圖版 43-3 雖與多數 O 卷 I B 龍紋同樣具有瓶狀角，出土報告中亦將其稱為蟠龍，但明顯可見紋飾的裝

〔註46〕段勇：《幻想》，頁 76、105（圖 17-7）。
〔註47〕見四川省博物館、彭縣文化館：〈四川彭縣西周窖藏銅器〉，《考古》，1981 年 6 月，頁 496～499、555。

飾程度不同，裝飾的手法也不同，整體來說除身軀卷繞的方式相同外，幾乎無共同的特徵。因此筆者推測除時間上的差異外，地區風格乃造成圖版 43-3 與下組紋飾差異的重要因素。

（二）O卷ⅠB：蟠龍紋

本組龍紋各部件形體清晰，如角、鬣、耳、鱗片等細部特徵，身軀上有鱗紋、菱形紋或其他紋飾，多無足，但亦有少數有足者。身軀間常夾見小龍，或輔以其他紋飾圍繞於外。本組龍紋皆見於盤底，習稱蟠龍紋，此處保留此命名。以下部分圖版未知詳細的分期，則依紋飾風格的差異與大致時代的分界，置於該類型所有圖例之首。

43-4

圖版 43-4：
器名：父戊酉盤。部位：盤底。時代：殷墟時期。〔註48〕
紋飾說明：兩目間有「父戊酉」三字，目爲內眼角下垂的臣字形目，製造出鼻脊的效果，鼻尖爲桃心狀但未凸出，龍目瞳仁極大、居中、圓形，飾以葉狀耳、瓶狀角，目上有粗眉，目下各有一蜥蝪紋，眉間有一中空菱形紋。龍首兩側飾有前顧曲身龍紋、蟬紋，鬣下有蛇紋，左側角上方與身軀間夾見小龍，身軀做順時針卷繞一圈，上有細密的鱗紋裝飾，無足，盤緣飾以龍魚鳥相互追逐的紋飾，無地紋。

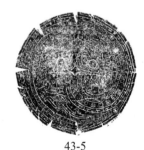

43-5

圖版 43-5：
器名：亞𠦪盤〔註49〕。部位：盤底。時代：殷墟時期。〔註50〕
紋飾說明：兩目間有「亞𠦪」二字，目爲內眼角下垂的臣字形目，製造出鼻脊的效果，鼻尖爲桃心狀但未凸出，龍目瞳仁略偏外側、圓形，飾以葉狀耳、瓶狀角，目上有眉，眉間有一中空菱形紋。鬣下有一對前曲型龍紋，左側角下方與身軀間夾見張口直身小龍，身軀做逆時針卷繞一圈，身軀以鱗紋裝飾，身軀內側有聯珠紋，外側則有成片的背鰭狀裝飾，無足，無地紋。

〔註48〕　本器見於容庚：《通考》，圖 106（頁 113），頁 112～113。容庚時代定爲商，但根據紋飾的特色與細緻程度，可知當爲殷墟時期的作品，但未知細緻之分期。

〔註49〕　本器見於容庚：《通考》，圖 107（頁 114），頁 112～113 及丁孟：《故宮》，圖 45（頁 74）二書。容庚定名爲𠦪盤，丁孟則定名爲亞𠦪盤。由銘文判斷當以二字解讀，故此處採丁孟之說。

〔註50〕　丁孟：《200》，圖 45（頁 74），作商代晚期，其範圍涵蓋本文分期中殷墟早期至殷墟晚期，相當於整個殷墟時期。

43-6

圖版 43-6：

器名：婦好盤。部位：盤底。時代：殷墟中期。出土地：河南安陽殷墟五號墓（M5：777）。

紋飾說明：內眼角下垂的臣字形目，瞳仁略偏外側、圓形，以葉狀耳裝飾，整個面部、瓶狀角皆有細密的雲雷紋裝飾，有眉，眉間有一中空菱形紋，身軀做順時針卷繞一圈，身軀有細密的菱形紋裝飾，兩側有成片的背鰭狀裝飾，無足，無地紋。龍首兩側有銘文。左側角上方與身軀間有一小龍紋。整體而言，龍首的形態與父戊酉盤、亞ㄆ盤相似，但裝飾較繁複細密，且鼻尖桃心狀裝飾凸出。本圖版爲依據紋飾特徵所描繪的摹本，因其拓本較不清晰，故選用摹本爲分析代表，拓本另收於附錄三中，以供讀者參考。

43-7

圖版 43-7：

器名：蟠龍紋盤。部位：盤底。時代：殷墟中期〔註51〕。出土地：河南安陽小屯（M18：14）。

紋飾說明：紋飾整體特徵與圖版 43-6 較相似，目型、鼻脊的形態相似，且龍首面部與身軀上皆有紋飾裝飾，身軀上有菱格紋，眉間皆有一中空菱形紋，鬚的形狀亦頗爲相像；但瓶狀角上則無菱格紋，身軀內側爲聯珠紋，外側才爲背鰭狀裝飾，龍首上亦無口部彎勾的形狀，身軀中夾見的小龍位置有所差異。身軀做順時針繞二圈，無足，無地紋，龍紋外繞有一圈魚紋。本圖版爲摹本，未見拓本。

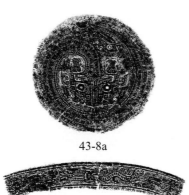

43-8a

43-8b

圖版 43-8a、43-8b：

器名：蟠龍紋盤。部位：a 盤底、b 盤口下內壁。時代：殷墟中期。

紋飾說明：內眼角下垂的臣字形目，瞳仁居中、圓形，瓶狀角，凹字形耳，有眉，眉心有一中空菱形紋，鼻脊爲身軀的延伸，尖端有鼻孔，面部有紋飾裝飾非素面，口下的鬚短小不明顯，身軀做逆時針方向卷繞一圈，上飾鱗紋，無足，無地紋，右角上有一小龍，外有鳥、魚、龍紋相間圍繞（見圖版 43-8b），有二爪狀足（位於角的兩側）。本圖版與圖版 43-7、43-11 同名，但不同器。圖版 43-11 之名見於《通考》，本圖版則見於陳芳妹：《故商》頁 466～469。此處筆者忠於所見，不另作他名，但特將此情形提出。

────────────

〔註51〕 本器出土於安陽小屯 18 號墓，根據楊錫璋、楊寶成〈殷代青銅禮器的分期與組合〉一文（見《殷墟》，頁 81）之介紹，屬殷墟中期墓（案：楊錫璋等採殷墟三期說，其時代分界與本文同），與婦好墓同一時期。亦收於林巳奈夫：《紋樣》3-160（頁 109），但作殷墟晚期。但《殷墟》之書乃專爲殷墟出土器物之研究，故此處採其說。

43-9

圖版 43-9：

器名：六鳥蟠龍紋盤。部位：盤底。時代：殷墟中期〔註52〕。日本白鶴美術館藏。

紋飾說明：臣字形目，瞳仁居中、圓形，瓶狀角，無耳，有眉，眉間有菱形紋裝飾，鼻脊爲身軀的延伸，尖端有鼻孔，面部有紋飾裝飾非素面，身軀做順時針方向卷繞一圈，上飾鱗紋，左側角上方有一小龍，無足，身軀間以密布的圓形螺旋線條填空，鬚可能位於其中（如左側有一較長的反 S 形線條，即可能爲鬚），最外圍有一圈聯珠紋。本圖版紋飾特徵與圖版 43-8 較爲接近，尤其是面部的構圖方式，但內眼角僅略微下垂，鼻脊更爲明顯、立體。由整器照片可知口沿有六隻立體站立狀的小鳥裝飾。〔註53〕

43-10

圖 43-10：

器名：盤。部位：盤底。時代：殷墟中期。〔註54〕

紋飾說明：臣字形目且眼角內側極度下垂，瞳仁偏外、圓形，兩眼間形成狹長的鼻脊，鼻尖爲桃心狀並且凸出，有眉，眉心飾一中空菱形紋，瓶狀角，葉狀耳，嘴下有 V 字形的鬚，面部爲素面上無紋飾，身軀做順時針卷繞一圈，以鱗紋裝飾，兩側有成片的背鰭狀裝飾，身軀間無小龍，無足，無地紋。

43-11

圖版 43-11：

器名：蟠龍紋盤。部位：盤底。時代：殷墟中期到晚期。〔註55〕

紋飾說明：龍紋內眼角極度下垂的臣字形目，瞳仁偏外，鼻尖爲桃心狀，有眉，眉心飾一中空菱形紋，飾以葉狀耳、瓶狀角，右耳下方有「舟」字，口下有 V 字形的鬚，身軀做順時針卷繞一圈，以鱗紋裝飾，身軀間無小龍，無足，無地紋。盤緣圍繞龍魚鳥相互追逐的紋飾，其中龍紋屬前顧曲身龍紋。整體而言，龍首的形態、特徵與圖版 43-10 十分接近。

〔註52〕 本器可見於梅原末治：《支那 2》，圖 87，年代根據鄭振香、陳志達：〈殷墟青銅器的分期與年代〉一文對於《支那》一書的分期，其分期採四期說，將本器劃入殷墟二期，相當於本文之殷墟中期。見中國社會科學院考古研究所：《殷墟》，頁 60。另外說明的是，《殷墟》一書將圖 87 寫爲圖 84，然經筆者兩書翻檢之結果，《支那 2》，圖 84 中器物照片照片之外觀，並不符合《殷墟》一書所描述之「口沿上有立鳥六隻」的特色，應爲筆誤，特此更正。

〔註53〕 見梅原末治：《支那 2》，圖 87；容庚：《通考圖錄》，圖 825（頁 435）。

〔註54〕 本圖版見於林巳奈夫：《紋樣》，圖 3-158（頁 109）及顧望等：《圖典》，頁 229，兩書所標明時間不同，《紋樣》作殷墟中期，《圖典》作春秋時期。因《圖典》資料錯誤比例較高，故此處採林巳奈夫之說。

〔註55〕 此圖版中有「舟」字銘文，相關資料可見於梅原末治：《支那 2》，圖 84 與林巳奈夫：《紋樣》，圖 3-160（頁 109）；容庚：《通考》，圖 105，頁 111～112。年代資料上，容庚作商，林巳奈夫作殷墟晚期，鄭振香、陳志達則作殷墟二期，相當本文之殷墟中期（中國社會科學院考古研究所：《殷墟》，頁 60）。此處採寬泛之說，以殷墟中期至殷墟晚期涵蓋各家之說。

43-12

圖版 43-12：

器名：魚龍紋盤。部位：盤底。時代：西周晚期至春秋早期。
〔註56〕

紋飾說明：狹長狀臣字形目，眼角僅略微下垂，鼻脊以線條刻畫強調，末端有明顯的鼻孔，額頂有中空菱形紋裝飾，但較小，眼部下方與兩鬚之間有圓形螺旋線條裝飾，瓶狀角，凹字形耳。身軀做順時針方向卷繞一圈，上飾鱗紋，有足（位於角的兩側）。左側瓶狀角上方與身軀之間夾見一小龍。紋飾風格與圖版43-9較爲接近，皆有明顯的鼻脊，並以圓形雲紋裝飾空白處。

43-13

圖版 43-13：

器名：魚龍紋盤。部位：盤底。時代：西周晚期至春秋中期〔註57〕。
出土地：山東肥城小王莊。

紋飾說明：龍首較小，臣字形目但頗爲狹小，如瞇眼狀（位於鬚的頂端旁），飾以瓶狀角與凹字形耳，但兩者平行等高（上列圖版皆角高於耳），身軀延續做鼻脊，中間無明顯斷開的痕跡，口下有彎折的鬚，身軀順時針卷繞一圈半，上有鱗紋裝飾，無足，無地紋，左側瓶狀角上與身軀間夾見小龍，外有一圈魚紋。

43-14

圖版 43-14：

器名：透雕龍紋盤。部位：盤底。時代：春秋晚期〔註58〕。出土地：安徽屯溪奕棋。安徽省博物館藏。

紋飾說明：依照銅器彩照可知此器盤緣爲透雕，龍首以浮雕方式處理〔註59〕，故於拓本中形象不甚清晰。但仍可辨別首上有長鬚，似其鬣，有小巧的瓶狀角與耳，圓形目，龍首的形象大致與其他蟠龍紋接近，但較爲小巧。龍身以平雕的方式處理，身上有鱗紋，無足，無地紋。順時針卷繞一圈半，身軀間無夾見小龍。本龍紋目型較爲特別，屬O卷IB的特例。

〔註56〕本圖版見於上海博物館青銅器研究組：《商周》，圖420（頁147）；林巳奈夫：《紋樣》，圖3-166（頁110）；顧望等：《圖典》，頁230。上海博物館作西周晚期，林巳奈夫作春秋早期，顧望作西周。林巳奈夫之書標明本圖版來源即爲《商周》一書，因此林巳奈夫可能在其基礎上另有看法，故此處採寬泛之說，以西周晚期至春秋早期涵蓋其說。

〔註57〕此器段勇定爲西周晚期至春秋中期器，但高木森作春秋早期器，此處採寬泛之說涵蓋兩者。見段勇：《幻想》，圖十七：10（頁105），頁76；高木森：〈春秋戰國時代的圖紋藝術（一）〉，《故宮文物月刊》第一卷第十期（1984年），頁107。

〔註58〕此器《圖典》作西周時期，《圖錄》與《全集》作春秋晚期。由於《圖典》資料錯誤較多，此處採《圖錄》之說。顧望：《圖典》，頁231；李建偉等：《圖錄》，頁357；中國青銅器全集編輯委員會：《全集11》，圖96、97（頁93）。

〔註59〕參見李建偉等：《圖錄》，頁357；中國青銅器全集編輯委員會：《全集11》，圖96、97（頁93）。

　　其他相似紋飾上見於蟠龍紋盤〔註60〕，其龍紋形態與圖版 43-6、43-7 近似，在龍首特徵、形態與身軀裝飾上皆頗為相似，如龍首面部非素面，凹字形耳，鬚的形態，身軀以菱格紋裝飾等特徵；傳出土於河南安陽，為殷墟晚期器。以上圖版加文字資料共計十二器，殷墟時期有二器，殷墟中期五器，殷墟中期至晚期一器，殷墟晚期一器，西周晚期至春秋時期共有三器。

　　由以上圖例中可看出，除圖版 43-14 為圓形目，圖版 43-9、43-12 身軀間有螺旋狀線條填補外，其餘 O 卷 IB 紋飾皆具有瓶狀角、臣字形目，有耳（葉狀耳與凹字形耳兩種），鼻脊明顯，多有鬚，身軀間常夾見小龍，多無足，多無地紋等共同特徵。但仔細觀察，可發現圖版 43-4 至 43-11（以下分析暫以前組統括）紋飾中相似的元素較多，圖版 43-12 至 43-14（以下分析暫以後組統括）紋飾特徵則在鬚、鼻脊、耳的形態改變有顯著的改變。前組龍紋多以葉狀耳為飾，以內眼角下垂以製造出鼻脊，鼻尖多為桃心狀的尖角，眉心有菱形紋裝飾，口下的鬚多呈一幾乎呈直線的大 V 線條；後組龍紋則多以凹字形耳為飾，鼻脊為身軀的延伸並上有裝飾，眉心間多無裝飾，臣字形目內眼角不再極度下垂而略呈狹長狀的平行狀態，鬚的彎曲明顯如 S 形的鉤狀。而前組龍紋以圖版 43-6、43-7 形態較為特別，面部非素面而有紋飾，鼻尖凸出，並皆以凹字形耳裝飾，身軀上則為菱格紋非鱗紋，文字補充之蟠龍紋盤亦為此特徵，其出土地點皆位於河南安陽，故紋飾之間的共同特色應與地域有所關聯；圖版 43-8a 則面部有裝飾，並以凹字形耳裝飾，但鼻尖未凸出，身軀則以鱗紋裝飾，其特色介於前組紋飾與圖版 43-6、43-7 之間，但不知其出土地，不知有無地域關聯；圖版 43-9 則特徵較為接近後組紋飾，鼻樑為身軀延伸，鬚呈彎勾形，但無耳，屬於前組紋飾的特例，但由圖版 43-9 可知後組紋飾之特徵於殷墟中期已展露端倪。前組龍紋由圖版資料可知屬於殷墟時期，後組龍紋則為西周以後的紋飾，由上述的分析中可得出商周間蟠龍紋之間的細緻差異，可做為斷代時判斷的標準；而殷墟時期之紋飾，則受到出土地的差別，紋飾細節亦有所差別。

　　整體而言，O 卷 IB 紋飾在身軀裝飾方面以鱗紋較為常見，但出土於河南

〔註60〕 李建偉等：《圖錄》，頁 325，商代晚期，傳河南安陽出土，現藏美國佛利爾美術館。此器圖版亦見於林巳奈夫：《紋樣》，圖 3-159（頁 109），時代作殷墟晚期。

安陽處的龍紋則皆以菱格紋裝飾，具地域性的特色。圖版 43-14 的透雕龍紋盤則與其他蟠龍紋特徵幾乎不同，唯一的共同點僅剩以首爲中心盤繞的身軀，龍首形態已與其他圖版無相似的特徵。透雕蟠龍紋爲安徽出土的春秋晚期器，爲吳越一帶的範圍，在時間與地域方面皆與前列紋飾有所落差，故一方面可能是時代的落差造成紋飾風格的差異，另一方面地區特色也可能是造成其間風格不同的原因。圖版 43-13 雖出土地亦不同於中原地區，但紋飾特徵上差異不大，可能與山東屬魯國故地，又其文化與中原較爲相近有關；但部分紋飾出土地不詳，故仍待更多的資料支持此推測。

朱鳳瀚《古代》一書之研究認爲蟠龍紋流行於殷代中期偏晚至春秋早中期〔註61〕，段勇《幻想》則以圖版 43-13 爲例，比對圖版 43-6，認爲兩者間精細、生動的程度有所落差，認爲前者流行於西周晚期至春秋晚期，圖版 43-6僅見於殷墟中期。依據筆者觀察之結果，兩紋飾間確實有細節的差異，但不認爲以精細、生動的差異做解釋足以使讀者了解其中的差異。對於兩者研究成果的差異，筆者以爲朱鳳瀚一書發表較早，當時可見資料或不如今日豐富；而段勇研究後出，或許閱覽的資料較朱氏更多。就筆者所蒐羅的資料顯示，確實於春秋晚期仍可見此類蟠龍紋的應用，雖風格與殷商、西周時期的確實不同，但仍具有蟠龍紋的要素；而朱鳳瀚與段勇之成果，則可做爲圖版 43-4、43-5 時代上的參考，可推斷此二圖版至少爲殷墟中期以後的紋飾。故以爲蟠龍紋斷續見於殷墟中期至春秋晚期，並以殷墟中期最爲多見，而商周之間紋飾則存在著細微的差異；此類紋飾則全見於盤底，出現的器類與位置十分一致，可做爲辨僞判斷的標準之一。

二、O 卷 II 式：側視

本式龍紋共同的特徵爲龍首呈側面的形象，又可以紋飾裝飾的程度與特色分爲三組，A 組紋飾裝飾較細緻，龍紋各部件皆有所描繪，與上述 O 卷 I B（蟠龍紋）特色較相近，姑且暫以側視蟠龍紋稱之；B 組紋飾裝飾較簡，以鱗紋裝飾身軀；C 組紋飾裝飾更簡，以線條裝飾身軀。以下分述之。

（一）O 卷 II A：側視蟠龍紋

本組龍紋龍首居中，身軀各部件清晰細膩，以鱗紋裝飾身軀，身軀中亦

〔註61〕 見朱鳳瀚：《古代》，頁 389。

夾見文字或其他裝飾，整體特徵與蟠龍紋極為相似，故此處以側視蟠龍紋稱之。

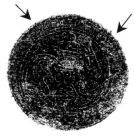

43-15

圖版 43-15：
器名：盤。部位：盤底。時代：殷墟中期。出土地：河南安陽殷墟五號墓（M5：853）。
紋飾說明：龍首居中側視，臣字形目，半環狀角但尖端偏尖，雙唇外卷，口中似有細齒，身軀做逆時針卷繞一圈半，以鱗紋裝飾，身軀中夾見魚紋、小龍紋（箭頭指示處），無舌無足無地紋。

43-16

圖版 43-16：
器名：盤。部位：盤底。時代：殷墟晚期。
紋飾說明：龍首居中側視，臣字形目，半環狀角但尖端偏尖，雙唇上卷，身軀做順時針卷繞一圈半，以鱗紋裝飾，背部有成片的背鰭裝飾，口下與身軀的空白處有文字，無舌無足無地紋。

　　本組圖版數量不多，在筆者蒐錄的資料中僅見此二例。由圖版資料中可知，O 卷 II A（側視蟠龍紋）可見於殷墟中期及殷墟晚期，並皆出現於盤底；由紋飾的分析、說明可知，此龍紋具有臣字形目、身飾鱗紋、身軀間夾見其他動物（如小龍、魚等）或文字，無足無地紋等特徵，上述特徵皆與 O 卷 I B（蟠龍紋）相似，兩者主要的差別僅在於龍首的形態與角型（O 卷 I B 為龍首正視、瓶狀角，O 卷 II A 為龍首側視、半環狀角）；又兩者在流行時間與器類上與蟠龍紋有所重疊。在側視蟠龍紋之後出現其他側視的卷龍紋，然其紋飾裝飾程度漸趨簡單，如 O 卷 II A 如此精細的紋飾已不復見。故推測 O 卷 II A 紋飾可能為 O 卷 I B（蟠龍紋）的另一種表現手法或轉化，屬於 O 卷 I B 之變例，因此數量上較少。

（二）O 卷 II B：身軀以鱗紋裝飾

　　O 卷 II B 龍紋多張口銜尾成環狀，身軀以鱗紋裝飾，普遍有角或其他龍首裝飾，並有多處鬚狀裝飾。

43-17

圖版 43-17：

器名：瓿。部位：不明。時代：殷墟晚期。

紋飾說明：首尾相接，呈現張口銜尾的狀態。紋飾簡單，無角無足，無地紋，僅以鱗紋裝飾，目以一圓點表示，屬圓形目，唇型亦以兩平行線條代表，未做翻卷。龍紋身軀以順時針方向圍繞一圓渦紋。此紋飾出現時間為殷墟晚期，一般而言殷墟晚期時器物表面多佈滿裝飾，並且地紋的運用十分常見，鮮少出現如本圖版如此精簡的紋飾，參酌下列其他圖版出現位置，推測本圖版亦極可能出現於器物外底的位置，或其他內側不顯眼之處。

43-18

圖版 43-18：

器名：母戊觶。部位：外底。時代：西周早期。

紋飾說明：方形目，張口銜尾，雙唇外卷，葉狀尖角，無舌。身軀順時針卷繞，以鱗紋裝飾，尾部為線條裝飾，胸前有兩彎勾的短鰭，無足，無地紋。由拓本的特徵推知，此紋飾以凸起的細線表示。

43-19

圖版 43-19：

器名：父丁簋。部位：外底。時代：西周早期。出土地：河南信陽。

紋飾說明：與圖版 43-18 極為相似，方形目，張口銜尾，雙唇外卷，葉狀尖角，無舌，身軀順時針卷繞，以鱗紋裝飾，尾部則為線條裝飾，胸前有兩彎勾的短鰭，無足，無地紋。由拓本的特徵推知，此紋飾以凸起的細線表示。

43-20

圖版 43-20：

器名：簋。部位：外底。時代：西周早期。

紋飾說明：臣字形目，張口銜尾，雙唇外卷，龍首上的裝飾不清，可能為瓶狀角，身軀逆時針卷繞，以鱗紋裝飾，腹下與下唇間有一爪狀足，背部有多處鬚狀線條，無地紋。紋飾身軀較以上圖版粗肥，對於龍紋的描繪較為詳細，多了背部裝飾與爪。本圖版於《紋樣》中資料並未說明紋飾位置，但與其他圖版風格比較，頗為相似，其中與圖版 43-23 最為相近，又圖版 43-23 確知位於外底，故推測本圖版位於外底的機率極高。

43-21

圖版 43-21：

器名：冊父辛觶。部位：外底。時代：西周中期。

紋飾說明：紋飾特徵與圖版 43-18、43-19 相似，但較清晰且略微精細，為臣字形目，雙唇外卷，似有舌，葉狀尖角，身軀逆時針卷繞，以鱗紋裝飾，尾部以線條裝飾，背部似有彎勾的線條做裝飾，無足，無地紋。由拓本的特徵推知，此紋飾亦以凸起的細線表示。

圖版 43-22：

器名：伯尊。部位：外底。時代：西周中期。

紋飾說明：臣字形目，張口銜尾，雙唇外卷，龍首上有瓶狀角〔註
62〕裝飾，身軀逆時針卷繞，以雲雷紋裝飾，腹下與下唇間有一爪
狀足，背部有多處豎起的彎勾短鰭裝飾，無地紋。本圖版與其它出
現於外底的紋飾多以鱗紋裝飾不同，以雲雷紋爲身軀裝飾。

43-22

　　由於上述圖版資料可知，O 卷 II B 紋飾多置於器底，故拓本紋飾不甚清
晰，紋飾整體風格較爲寫意，各細部構件不甚清楚，應與紋飾出現位置有
極大的關聯性；因參酌其他殷墟晚期及西周早期、中期的紋飾，紋飾多頗
爲精緻，極少見如上列圖版如此寫意、描繪如此簡單者，故可知紋飾出現
部位應爲影響上列圖版風格的重要因素。以下檢附其他相似紋飾做補充，
以統觀其間的共通特色，不再逐一分析。每圖版編號下分別爲器類及時代
資料。

O II B 紋飾補充：

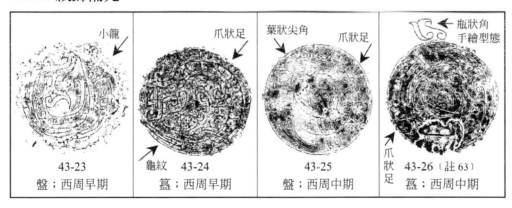

小龍	爪狀足	葉狀尖角　爪狀足	瓶狀角手繪型態
43-23	龜紋 43-24	43-25	爪狀足 43-26〔註 63〕
盤；西周早期	簋；西周早期	盤；西周中期	簋；西周中期

　　上列補充圖版資料中多未知紋飾出現部位，僅圖版 43-23 可確知出現於
盤外底〔註 64〕，可做爲其他紋飾出現部位的推測依據。而圖版 43-20 與圖版

〔註 62〕　本瓶狀角狀如　　，與之前可見之瓶狀角略有不同，乃適應構圖空間，故瓶狀
　　　　　角略有變形，呈根部略微彎曲的瓶狀角。其他近似的形態亦可參考圖版 43-26
　　　　　之手繪型態，兩者皆因適應空間，導致瓶狀角外觀略有改變。

〔註 63〕　本圖版見於林巳奈夫：《紋樣》，圖 5-147（頁 182），角型手繪乃保留《紋樣》
　　　　　中原始模樣。

〔註 64〕　見梅原末治：《支那 2》，圖 90，犧首蟬文盤。

43-24、43-26 器類皆爲簋器，又與圖版 43-22 整體紋飾風格相似，因此圖版 43-24、43-26 紋飾位於外底的機率頗高。圖版 43-23、43-25 器類爲盤，其中 圖版 43-23 確知出現於盤外底，而圖版 43-23 與 43-25 紋飾特徵與風格極爲相 似；又與前述 O 卷 I B、O 卷 II A 出現於盤底之紋飾拓本清晰程度確實有明顯 的差距，O 卷 I B、O 卷 II A 紋飾龍紋線條爲陰線，圖版 43-23、43-25 龍紋線 條爲陽線，故可知圖版 43-23、43-25 皆出現於盤外底，與前述 O 卷 I B、O 卷 II A 紋飾出現部位並不相同。

總觀以上 O 卷 II B 紋飾，由圖例中可明顯看出紋飾風格上的差異，依其 中的差異可分爲三類，圖版 43-17 一類（以下以 B1 稱之），紋飾最爲簡單， 可見年代亦最早，屬殷墟晚期。圖版 43-18、43-19、43-21 等一類（以下以 B2 稱之），紋飾裝飾略多，有龍首裝飾、雙唇形態明顯，但多無背部裝飾、爪型、 舌等較細緻的部件，見於西周早期至西周中期。圖版 43-20、43-22 至 43-26 一類（以下以 B3 稱之），見於西周早期至中期。

B1 紋飾爲紋飾最簡，且身軀的裝飾形態亦與其他圖版不同，以略粗的線 條勾勒出身軀的形態，無角、足、舌、背部裝飾等細緻的描繪，身軀環繞著 圓渦紋，以上特色皆與 B2、B3 不同。時代上也較爲特別，見於殷墟晚期，與 B2、B3 的年代不同。因此 B1 紋飾的特殊性，或許與年代有一定程度的關聯； 另一方面，與器類亦可能有所關係，B2、B3 紋飾見於簋、觶、盤等，未見於 瓿上者。然器類的影響因素，因缺乏更多的資料佐證，目前僅見圖版 43-17 一 例，故仍暫時存疑。

段勇以圖版 43-19 父丁簋爲例，將其列爲 Oa I 一式，認爲見於商代二里 岡上層（案：相當於商代前期，遷都殷墟之前）至西周中期，其中殷墟二期 （案：相當於本文分期之殷墟中期）至西周早期比較流行。商代多無足，西 周時期常有一足。多飾於圓形器蓋或器底〔註 65〕。筆者以爲商代多無足，西 周時期常有一足之說值得商確。由上述圖例中明顯可見圖版 43-18、43-21 與 圖版 43-19 的父丁簋風格幾近相同，可見資料皆爲西周時期，由圖例中明顯可 見皆無足，胸前具有兩彎勾的短鰭，即便筆者所謂之短鰭乃段勇所謂之足， 其數量上亦有落差。並且在筆者蒐集的資料中，未見殷商時期之紋飾；又段 勇《幻想》一書中，亦未見其他圖例，無法對其結論提出具體的證據。因此 在流行年代的判斷上，筆者以所見資料歸結之結果，與段勇有所差異，以爲

〔註65〕段勇：《幻想》，頁 74～75。

應以西周早期至中期為 B2 紋飾的主要可見時間；器類上則以為圓形器物範圍畢竟太廣，對於判斷時的幫助有限，由資料可知見於觶與簋上，與段勇之圓形器物並不衝突。值得留意的是，圖版 43-21 為臣字形目，口下似有舌，背部亦有鬚狀的裝飾，與 B3 紋飾的特色略為相似，但腹下無足且身軀裝飾的模樣與 B3 不同，整體上仍與圖版 43-18、43-19 較為相似，故仍歸入 B2 一類，但略具有 B3 紋飾之特色。然由於 B2、B3 紋飾可見時間重疊，故圖版 43-21 或可視為兩者紋飾間相互影響的表現。

　　B3 之紋飾，其紋飾略較 B2 裝飾繁複一些，目型則為臣字形目，兩者的差別主要在於 B3 多出背部裝飾與短鰭轉變為爪足的描繪，由圖版 43-20、43-22 可知紋飾位於器物的外底，故拓本仍不甚清晰，其中以圖版 43-22 的拓本最為清楚，對於了解 B3 構圖的特徵是個良好的觀察圖版，但其身軀以雲雷紋裝飾，是 B3 紋飾中的特例。由補充圖版的羅列可知，B3 紋飾皆以鱗紋為裝飾，角型則有瓶狀角、葉狀尖角等形態，部分紋飾拓本不清，因而無法得知其角型，但可由其他圖版可推知 B3 紋飾應皆有龍首裝飾；另外，B3 紋飾背部皆有裝飾，多有爪狀足，少數龍紋中亦夾見其他動物。背部裝飾有短鰭狀與鬚狀兩種，如圖版 43-20 以鬚狀裝飾，圖版 43-22、43-25、43-26 則以短鰭裝飾，圖版 43-23、43-24 背部裝飾較不清楚，但應為短鰭裝飾；爪形上，有線條狀的爪（如圖版 43-22），亦有較粗的爪（如圖版 43-24、43-25），但爪形皆清晰可見，僅圖版 43-23 無足；夾見的動物不同於前述 O 卷 I B、O 卷 II A 紋飾中常見的龍、魚，圖版 43-24 腹部夾見一龜紋，為其他圖版所未見，頗為特別，圖版 43-23 龍紋身旁則有小龍。B3 紋飾共有六例，其中簋器有三例，盤有二例，尊有一例，故可見器類以簋為多，盤次之，尊極少。

　　在上述的分析中可知 B2 與 B3 紋飾的差異表現於目型、足型、背部裝飾等處，由圖版中也確實可見兩者紋飾特色的差異，其可見時間皆為西周早期與西周中期，可見器類則略有差異，B2 見於觶與簋，B3 見於簋、盤、尊，皆主要出現於器類外底；其中簋器一類重疊，顯示出簋器外底紋飾有不同的運用，跨足 B2、B3 兩種形式；而圖版 43-21 器類為觶，與 B3 常見的器類簋並不一致，但由分析中可知其紋飾兼具 B2 與 B3 之特色，此現象提供兩者紋飾特色相互影響的可能性。整體而言，B2、B3 雖在紋飾特徵、裝飾繁簡上有所落差，但兩者在可見時代、器類上的仍具有關聯性，具有相互影響的傾向；

而 B1 的紋飾則與 B2、B3 紋飾風格落差較大，紋飾風格極爲簡單，時間上亦早於 B2、B3，屬於本組紋飾最初的模式。

（三）O 卷 II C：身軀以線條表示或以線條裝飾

本組紋飾多首尾相碰，少數呈張口銜尾的模樣；以線條表示或以線條裝飾身軀。多無足、無地紋。

43-27

圖版 43-27：
器名：卣。部位：口沿。時代：殷墟晚期。
紋飾說明：圓形目，張口銜尾，身軀逆時針卷繞，雙唇外卷，龍首上有數根豎起的短鬣，無角或冠爲龍首裝飾，身軀以粗黑線表示，做逆時針卷繞，腹部下方有二彎勾足，胸前有一彎勾短鰭。以雲雷紋爲地紋，上下有聯珠紋爲邊界，龍紋與四瓣目紋相互間隔。由拓本右側可見獸面紋的痕跡，故可推測紋飾位於卣的口沿。

43-28

圖版 43-28：
器名：卣。部位：不明。時代：西周中期。
紋飾說明：首尾相接。圓形目，張口，身軀順時針卷繞，雙唇上卷，半環狀角，腹下有兩彎勾足，背上有長翼，沿身軀平行彎曲，身軀上以多條平行線條裝飾，無地紋。以紋飾的形狀與卣器器型考量〔註 66〕，紋飾出現於器底或器蓋等圓形面積之處的可能性較高。

43-29

圖版 43-29：
器名：無異簋〔註 67〕。部位：蓋頂。時代：西周厲王（西周晚期）。
紋飾說明：圓形目旁有線條裝飾，雙唇上卷，龍首上有長冠裝飾，身軀順時針卷繞並沿棱脊留白裝飾，無足，但唇部與身軀間有一彎曲線條裝飾，外有一圈鱗紋，整體紋飾無地紋。

〔註 66〕 西周時卣器外觀主要有扁圓體卣、橢圓體卣，及少量的圓卣、圓筒形卣。馬承源：《中國青銅器》，頁 224。然不論何者腹部紋飾（含非龍紋者）主要皆做帶狀，未見如圖版 43-28 爲圓形者，故推測紋飾出現於器底或器蓋等圓形面積處。

〔註 67〕 本圖版見於上海博物館青銅器研究組：《商周》，圖 421、422（頁 148），亦見於林巳奈夫：《紋樣》，圖 13-158（頁 353）。上海博物館器類作無異簋，林巳奈夫則作壺，由林巳奈夫之圖版來源可知爲《商周》一書，可見之林巳奈夫資料或有出錯之處，故此處採馬承源之說。

43-30

圖版 43-30：

器名：壺〔註68〕。部位：不明。時代：西周晚期。

紋飾說明：圓形目旁有線條裝飾，尖角，但角的根部頗粗，略具瓶狀角特徵，雙唇外卷，其中上唇翻卷過首，與身軀相接；下唇外卷，與身軀中有一彎曲線條填空，身軀前段有雲雷紋裝飾，但至中段後則以平行的線條裝飾直至尾部。龍紋做順時針卷繞兩圈，於右側間隙中可見地紋的痕跡，外有一圈鱗紋環繞。整體而論，與圖版 43-29 構圖、特徵較為相仿，但有地紋裝飾。與其相似的紋飾尚見於晉侯 31 號墓盉。〔註69〕

43-31

圖版 43-31：

器名：簋。部位：蓋頂。時代：西周晚期。

紋飾說明：圓形目旁有線條裝飾，兩側有線條，略似臣字形目，龍首上有尖角裝飾，幾與龍首同大，雙唇外卷，上唇翻卷過首，與身軀同環繞成圓盤狀，整體為順時針卷繞，但於龍角處線條有所斷開，身軀沿棱脊留白裝飾，無舌無足，無地紋。

43-32

圖版 43-32：

器名：簋。部位：蓋頂。時代：西周晚期。

紋飾說明：圓形目，兩側有微微的線條凸出，雙唇上卷，有舌，尖角。身軀無裝飾，沿棱脊留白，做順時針卷繞一圈，無地紋。龍紋外另有一圈裝飾，在龍首上方有小龍雙唇外卷的形象，且疑似有目。

43-33

圖版 43-33：

器名：頌簋。部位：蓋頂。時代：西周宣王（西周晚期）。

紋飾說明：圓形目旁有線條裝飾，雙唇上卷，兩側有微微的線條凸出，有舌，尖角，身軀無裝飾，沿棱脊留白，做順時針卷繞一圈，似有地紋。龍紋外另有一圈裝飾，在龍首上方有疑似龍首雙唇外卷的形象，但不具眼、角等特徵。紋飾整體與圖版 43-32 近似，但龍紋外的裝飾小龍形象較為模糊。

〔註68〕　本圖版見於林巳奈夫：《紋樣》，圖 5-153（頁 183），圖版出處為京大人文研考古資料。對於本圖版之器類筆者有所懷疑，因就紋飾的形狀判斷，本圖版應出現於大片平面的位置中，然以壺的型式而言，較無符合此等條件之部位，僅扁體壺之腹部較有可能。但扁體壺照馬承源之研究，出現於戰國早期至中期，與此紋飾時間不合（見馬承源：《中國青銅器》，頁 213）。又其他相似紋飾出現於扁體狀的盉中，可能圖版資料有誤或是對於器類的誤判，但未能見到京大人文研所藏資料，僅能做此推論，暫時保留《紋樣》之器類資料。

〔註69〕　見王世民等：《分期》，盉圖 13（頁 149）。

　　總觀以上 O 卷 II C 紋飾，共有七個圖例，一個文字圖例，由其中可看出紋飾風格上的些微差異，依其中的差異可分為數類，圖版 43-27 一類（以下以 C1 稱之），身軀以線條表示，為 O 卷 II C 紋飾中唯一張口銜尾者，可見年代亦最早，屬殷墟晚期。圖版 43-28 一類（以下以 C2 稱之），身軀粗肥以多條線條裝飾，有長翼裝飾，為 O 卷 II C 紋飾中唯一有長翼裝飾者，見於西周中期。圖版 43-29 至 43-33 一類（以下以 C3 稱之），身軀為粗黑線，棱脊留白裝飾，多以尖角裝飾，以身軀本身或與其他線條、紋飾盤繞成圓盤狀，見於西周晚期。

　　在上述圖例中可看出，O 卷 II C 紋飾多無地紋，龍紋主體裝飾簡單而不繁複。以 C1、C2 紋飾較為特別，僅各一例，龍首位於環狀的一側，由於其數量極少，出現時間亦無重疊，其個例的出現也許對於了解環狀的構圖出現的時間上限有所助益。C3 紋飾數量較多，龍首居中與身軀本身或與其他紋飾、線條繞成圓盤狀，但其中又有細微的差異與共同點。C2 紋飾圖版 43-29 與 43-30 龍紋旁有鱗紋裝飾，但圖版 43-29 雙唇上卷，圖版 43-30 則雙唇外卷，兩者在身軀卷繞的方式亦有差異；圖版 43-30 與 43-31 皆龍首居中，雙唇外卷，上唇翻卷過首，與身軀線條共同圍繞成圓盤狀，但圖版 43-31 則外圍無鱗紋裝飾；圖版 43-32、43-33 則龍紋雙唇上卷，身軀僅繞一圈，身軀外又有疑似小龍的線條環繞；大致而言，圖版 43-29 至 43-31 與圖版 43-32、43-33 紋飾區別較大，但在運用上又有共通之處可循，應是為了適應龍首位置而以不同的卷繞方式達到整體構圖的協調。若以器類言之，圖版 43-29、43-31 至 43-33 則皆出現簋上，圖版 43-30 出現於壺上，但其器類資料筆者有所存疑〔註70〕。由圖版 43-29 可確知為西周厲王，圖版 43-33 可確知為西周宣王，則圖版 43-29 至 43-31 可能較圖版 43-32、43-33 出現時間略早，其間的細微差異或可提供西周晚期中不同時期的判斷。

　　O 型卷龍紋共三十三個圖版，加以文字資料，共計分析三十五器。其中 O 卷 I 式共十五器，O 卷 II 式共二十器，其器類及年代資料如下：

〔註70〕詳見本章註 68。

表 4-5：O 型卷龍紋器類暨年代一覽表

	盤	簋	卣	斝	罍	尊	觶	瓿	盉	壺	合計	時　　　　代
O 卷 I A			1	2							3	殷墟中期－西周早期
O 卷 I B	12										12	殷墟中期－春秋晚期，主要爲殷墟中期
O 卷 II A	2										2	殷墟中期－殷墟晚期
O 卷 II B	2	4				1	2	1			10	殷墟晚期－西周中期
O 卷 II C		4	2						1	1	8	殷墟晚期－西周晚期
合　計	16	8	2	1	2	1	2	1	1	1	35	

　　O 型卷龍紋二式的分別在於龍首形態，O 卷 I 式龍首正視，O 卷 II 式龍首側視；其中 O 卷 I A 紋飾較爲簡單，器類分散，數量不多，可能爲 O 卷 I 式於盤之外器類的少數運用；O 卷 I B 紋飾描繪清晰、詳盡，全出現於盤上，爲 O 卷 I 式的主要代表。O 卷 II A 數量極少，但與 O 卷 I B 在器類、紋飾特色、時代上的相同與相近，推測 O 卷 II A 爲 O 卷 I B 的變形運用；O 卷 II B 爲 O 卷 II 式數量最多者，主要見於簋上，盤次之，其他器類則零散可見，由前述分析中可知 O 卷 II B 多出現於器物外底，屬紋飾出現部位中較爲特殊者，但此現象亦反映紋飾裝飾的高度發展，除器表外，器外底亦成爲裝飾的空間；O 卷 II C 則以簋最多，並以蓋頂的圓形空間爲主要發展裝飾的部位，其他出現於卣、壺等器類者，除極少數爲帶狀紋飾，亦適應紋飾特色應用於器物中圓形部位。由上表中可知 O 型卷龍紋最早見於殷墟中期，O 卷 I 式紋飾延續至春秋晚期皆可見，O 卷 II 式紋飾見至西周晚期。並出器類的資料中可知，O 卷 I 式與 O 卷 II 式運用器類，由盤變至簋，O 卷 II 式雖仍見運用於盤上，但此退居次位。

　　整體而言，目型有圓形目、圓形目旁有線條、方形目、臣字形目等形式，其中以臣字形目數量最多，且多配合 O 卷 I B、O 卷 II A 等紋飾，於其他類型中亦有少數運用，圓形目、圓形目旁有線條、方形目等目型則通見於其他類型紋飾中，並數量較少。換言之，除 O 卷 I B、O 卷 II A 兩組龍紋較爲固定外，其他類型紋飾目型則多見彈性運用的情形；時代上，臣字形目見於殷墟中期至西周早期，與西周晚期至春秋晚期兩階段，西周中期未見臣字形目，圓形目則斷續於殷墟時期至春秋晚期皆可見，方形目則侷限於西周早期至中期，圓形目旁有線條亦僅見於西周晚期。唇型主要有做正面形式、雙唇上卷、雙唇外卷等形式，數量上以正面形式最多，雙唇外卷次之；正面形式見於 O 卷 I 式

龍首正視之紋飾，雙唇外卷與雙唇上卷則見於龍首側視之紋飾；時代上，正面形式見於殷墟中期至西周早期，與西周晚期至春秋晚期兩階段，西周中期則未見，雙唇外卷見於殷墟時期至西周晚期，雙唇上卷殷墟晚期至西周晚期。龍首裝飾形態則十分多元，但以瓶狀角為多數，其他半環狀角、葉狀尖角、尖角、內卷彎角、長冠等數量皆不超過五例，甚至僅一、二例；時代上而言，瓶狀角可見於殷墟中期至春秋晚期，時代分界不明顯，需搭配其他部件一併考量，其他類型之龍首裝飾則由於數量過少，對於時代判斷的幫助有限。身軀裝飾以鱗紋為主，約佔全體的三分之二，其他尚有雲雷紋、菱格紋、粗黑線、棱脊留白、以線條裝飾等形式，但數量亦皆不超過五例；時代上，粗黑線為身軀見於殷墟時期，以線條為飾見於西周中期，但各見一例，菱格紋侷限於殷墟中期與晚期，以雲雷紋為飾見於西周中期至晚期，以棱脊留白為飾僅見於西周晚期，鱗紋通見於殷墟中期至春秋晚期。足部形式多無足，亦可見一足、二足者；時代上，無足通見於殷墟中期至春秋晚期，一足者見於西周早期至西周中期，二足者時間分散，可見於殷墟時期、西周時期、春秋早期等。以上各部件特徵，多數不具明顯的時代分界，需考量整體紋飾，將不同部件相互參酌，始有助於斷代判斷。以下為各部件與時代關聯之簡表。

表 4-6：O 型卷龍紋各部件特徵與時代關係表

	時　　代　　特　　色
目	1.臣字形目除西周中期之外，斷續見於殷墟時期至春秋晚期。 2.圓形目則見於殷墟時期至春秋晚期皆可見。 3.方形目見於西周早期至中期。 4.圓形目旁有線條僅見在西周晚期。
唇	1.正面形式見於殷墟中期至西周早期，與西周晚期至春秋晚期兩階段，西周中期則未見。 2.雙唇外卷見於殷墟時期至西周晚期。 3.雙唇上卷見於殷墟晚期至西周晚期。
龍首裝飾	1.瓶狀角可見於殷墟中期至春秋晚期，時代分界不明顯。 2.其它類型之龍首裝飾數量皆少，對於時代判斷幫助有限。
身	1.菱格紋見於殷墟中期與晚期。 2.雲雷紋見於西周中期至晚期。 3.棱脊留白見於西周晚期。 4.鱗紋通見於殷墟中期至春秋晚期。
足	1.無足者皆為殷墟中期。 2.一足者皆為殷墟晚期。 3.二足者可見於殷墟時期至西周時期，以西周早期數量最多。

第四節　方型卷龍紋

本型紋飾以身體卷曲成方塊狀，或以身軀與其他部件卷曲成方塊狀，故以此命名。以下又依紋飾整體特徵分為兩式：（一）方形卷龍紋，（二）回字形卷龍紋，（三）橫 S 卷龍紋。

一、方卷 I 式：方形卷龍紋

本式紋飾龍首側視居中，身軀朝同一方向卷繞過首，整體紋飾呈方塊狀，故取其特徵，命為方形卷龍紋。

44-1

圖版 44-1：

器名：盂。部位：不明。時代：西周中期。

紋飾說明：圓形目，目的兩側有延伸線條，故整體略似臣字形目，尖角，雙唇上卷，似有舌，龍首居中側視，身軀以粗黑線條表示，上有兩條與身軀平行的留白裝飾，逆時針卷繞過首，身軀在龍首的兩側各有一個類似目的裝飾，無足，無地紋。由拓本的形狀與弧度，加以考量盂的器形，推測紋飾位於器蓋。

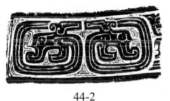

44-2

圖版 44-2：

器名：侯母壺。部位：腹部。時代：西周晚期〔註 71〕。出土地：山東曲阜魯國故城，曲阜市文物管理委員會藏。

紋飾說明：兩龍相背排列，圓形目，目的兩側有延伸線條，整體略似臣字形目，尖角，角的末端向後延伸，角的根部與尾部相接，雙唇上卷，龍首居中側視，身軀卷繞過首，身軀以粗黑線條表示，有兩條與身軀平行的留白裝飾，無足，有細密的雲雷紋補地。

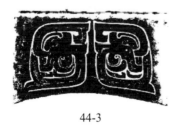

44-3

圖版 44-3：

器名：㝬鐘（舊名：宗周鐘）。部位：鼓部。時代：西周厲王（西周晚期）。出土地：陝西扶風。

紋飾說明：兩龍紋相背排列，圓形目，由照片可知目的兩側有延伸線條〔註 72〕，整體略似臣字形目，尖角，雙唇上卷，有舌，龍首居中側視，額頂有裝飾並過首向後卷，由拓本中模糊可見身軀沿棱脊留白裝飾，且身軀尾端分歧，其中一個向前卷繞與額首裝飾相接，整體形成方塊狀，無足，無

〔註71〕 本器於多書中皆有收錄，但時代上略有差異。上海博物館青銅器研究組：《商周》，圖 412（頁 144）作春秋早期，但馬承源：《精華》，圖 472（頁 137）則作西周晚期，兩書以《精華》後出；又中國青銅器全集編輯委員會：《全集 6》，圖 69、70（頁 67～68）與李建偉等：《圖錄》，頁 175 亦作西周晚期。故此處採西周晚期之說。

〔註72〕 參見中國青銅器全集編輯委員會：《全集 5》，圖 188（頁 180）。

地紋。此紋飾與其他方形卷龍紋較相同，但有略具顧 L II 式龍紋的特徵，似乎在其基礎上改變，差別在於較顧 L II 式下垂的尾部分歧更加明顯，並以兩歧中其一向上卷繞。其餘額頂裝飾，雙唇特徵等與顧 L II 式近似。〔註73〕

44-4

圖 44-4：
器名：黃夫人鬲。部位：腹部。時代：春秋早期。出土地：河南光山寶相寺。河南省信陽地區文物管理委員會藏。
紋飾說明：兩龍相對，圓形目，旁有兩延伸線條，尖角，雙唇上卷，龍首側視身軀翻卷過首，身軀沿棱脊留白裝飾，無足，無地紋。此圖版最大的特徵在於尾部另外向內卷繞，與圖版 44-1、44-2 尾部形態略爲不同。

又費敏父鼎〔註74〕腹部下緣紋飾與圖版 44-2 侯母壺紋飾特徵近似，紋飾卷繞方式、整體外觀、細部特徵等皆相仿，但似無地紋，此器爲春秋早期器，顯示方卷 I 式紋飾流行下限可推至春秋早期。由以上圖例可發現，本式龍紋皆以尖角裝飾龍首，但由圖版可知，其根部粗大，尖端亦不完全呈現尖銳狀，其特徵介乎瓶狀角與尖角之間，頗爲特殊；但整體特徵與前述 O 卷 II C 紋飾中的尖角形態相近，且無末端瓶口狀的特徵，故仍將其歸類於尖角。其外觀形狀上的特殊，或與紋飾整體構圖的協調有關。因紋飾整體呈方形，尖端的尖角無足夠的空間表現，但若將龍角過度縮小，則又與身軀不協調，故推測方卷 I 式角型的特色應與紋飾整體構圖有關。而上列圖版中圖版 44-1、44-2 爲本式龍紋的標準型態，身軀朝同一方向做方形卷繞，圖版 44-3 則帶有些許顧 L II 式的特色，然其紋飾整體與圖版 44-1、44-2 較爲接近，主要差別在身軀外加入其他部件一同做方形卷繞。圖版 44-4 則較爲特殊，尾部另成一彎折，使紋飾整體由方形轉爲長方形，但整體特徵仍與下列方卷 II 式、方卷 III 式紋飾特徵差異較大，故仍暫列於方卷 I 式紋飾之中。此現象或許可做爲進入春秋時期之後，方形卷龍紋形態改變的注解。其他如目型、唇型、身軀的裝飾方式則圖版皆頗爲一致，皆爲圓形目旁有線條歧出，整體略帶臣字形目的特色；唇型則皆雙唇上卷；皆以粗黑線爲身軀主體，沿身軀棱脊以一條或兩條的留白裝飾，然其間的差異爲裝飾的彈性運用，與年代的特徵差異無關。

整體而言，西周晚期至春秋早期爲方卷 I 式紋飾的可見年代，出現器類則

〔註73〕 參本文第三章第二節。
〔註74〕 見馬承源：《精華》，圖 613（頁 175）。山東鄒縣出土，現藏於爲鄒縣文物保管所。

不一致，可見於盉、壺、鐘、鬲、鼎上，無特別偏好之器類。

二、方卷 II 式：回字形卷龍紋

本式紋飾特徵爲身軀呈方形卷繞外，又有其他部件卷繞於身軀外圍，整體略似回字，故以此命名。又可依身軀本身的彎曲形態分做兩式：A 組尾部向下彎勾；B 組尾部向上卷翹。

（一）方卷 II A：尾部向下彎勾

本組紋飾身軀做 C 形的彎勾，身軀外圍多有以額前爲起點的長鼻狀裝飾繞首至臀部，極少數以上唇取代長鼻狀裝飾做卷繞。由於本式紋飾單就身軀觀看，與 C 卷 II A 略爲近似，兩者間是否有所關聯，則於圖版說明分析後，再行討論。

44-5

圖版 44-5：
器名：鬲。部位：腹部。時代：西周時期。〔註 75〕
紋飾說明：龍紋飾以圓形目，由拓本形態判斷瞳仁做凸起狀，雙唇上卷，角型不明顯，由其他圖版推測可能爲尖角，身軀以粗黑線表示，沿棱脊留白裝飾，尾部呈彎勾狀並分歧，額前裝飾過首繞至尾部相接，在龍首後方額前裝飾有斷開的痕跡。參酌鬲的器型可知，本圖版爲兩足間腹部位置，避開棱脊，呈兩龍相背；與本圖版相似的拓本及龍紋型態尚見於《頌續》圖 21 衛姒鬲。

44-6

圖版 44-6：
器名：仲枏父鬲。部位：腹部。時代：西周恭王（西周中期）〔註 76〕。出土地：陝西永壽好時溝村。陝西博物館藏。
紋飾說明：龍紋形態與圖版 44-5 近似，身軀形態與雙唇特徵相同，但角型、目型、身軀的裝飾方式與拓本位置略異。圓形目旁有兩歧出的線條，雖由照片可知瞳仁亦做突起狀，但於拓本中顯現之形態與圖版 44-5 不同，尖角，兩龍隔棱脊相對，身軀上有兩條與身軀彎折方式相同的留白裝飾，與圖版 44-5 僅沿棱脊留白不同，且由拓本形狀可知拓本位置爲足部上方的腹部兩側，兩龍之間有棱脊的痕跡。除身軀的裝飾方式外，本圖版之紋飾特徵與拓本位置爲本式龍紋最常見的標準形態。

〔註75〕　本圖版僅見於顧望：《圖典》一書（頁 120），但《圖典》一書僅標明鬲、西周，又其他書中未見此圖版，故不知爲西周何時，暫置於各圖版之首。
〔註76〕　《商周》一書作西周晚期，《精華》一書則作西周中期，以《精華》後出。又《分期》一書此器定爲恭王器，亦屬西周中期，故此處年代採西周中期之說。見上海博物館青銅器研究組：《商周》，圖 407（頁 142）；馬承源：《精華》，圖 329（頁 94）；王世民等：《分期》，鬲圖 17（頁 54），頁 56。

44-7

圖版 44-7：

器名：鬲。部位：腹部。時代：西周晚期。

紋飾說明：龍紋形態與拓本位置皆與圖版 44-6 相同，皆位於足上，但尖角較小並上唇較短，身軀僅沿棱脊留白裝飾，且尾部拓本不全。由拓本可知瞳仁凸起。

44-8

圖版 44-8：

器名：虢仲鬲。部位：腹部。時代：西周厲王（西周晚期）。

紋飾說明：龍紋形態與拓本位置皆與圖版 44-6 相同，皆位於足上，但尖角較小並上唇較短；而在目型、身軀、鼻前裝飾的特徵上差異較大，爲臣字形目；身軀彎折較爲圓弧，不似圖版 44-6 呈直角狀彎折，並僅沿棱脊留白裝飾；額前裝飾末端僅至臀部，未與尾相接，於龍首後方無斷開的痕跡，並有歧出狀的裝飾。整體而言與上列圖版的形態差異較大，爲本式紋飾中較爲特殊者。

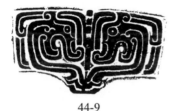

44-9

圖版 44-9：

器名：魯伯愈父鬲。部位：腹部。時代：西周晚期（一說春秋早期）〔註77〕。出土地：山東滕縣。上海博物館藏。

紋飾說明：龍紋特徵、部位與圖版 44-6 相同，皆位於足上，然身軀與外圍的額前裝飾間隔較爲寬疏，目於龍首的位置略異，較偏額部，身軀則僅沿棱脊留白裝飾。由《精華》一書的彩照〔註78〕可知紋飾整體皆採平雕處理，瞳仁未凸起。

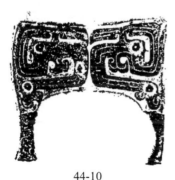

44-10

圖版 44-10：

器名：鬲。部位：腹部。時代：春秋早期。出土地：山東黃縣南埠村。

紋飾說明：本紋飾拓本位置與圖版 44-5 相同，爲兩足之間，由拓本的形狀亦能看出。龍紋整體外觀則與圖版 44-6 略微近似，身軀爲 C 形的彎勾狀，並上有兩條留白裝飾，上唇向上翻卷過首，下唇倒 T 形，無額前裝飾，整體略呈回字狀，但仔細區別可知仍有許多細節的差異。本龍紋除瞳仁突出的圓形目與上述圖例較爲接近，其唇部與尾部形態差異大。除唇部形式不同，無額前裝飾外，上唇僅翻卷至龍首後方，未至臀部；尾部雖亦成彎勾狀，但明顯可見一龍首的形象；角型

〔註77〕此器於多書中皆有著錄，其中《商周》與《全集9》二書作春秋早期，《精華》作西周晚期（一說春秋早期）。又《夏商周》雖作春秋早期，但於內文的說解中提到，屬於西周晚期至春秋早期之際。又參酌《分期》一書對於鬲器型的介紹，及同組紋飾中其他圖版的年代。筆者以爲此器爲西周晚期的可能性較高，即便爲春秋早期，也應爲早期偏早。見上海博物館青銅器研究組：《商周》，圖 410（頁 144）；馬承源：《精華》，圖 337（頁 96）；陳佩芬：《夏商周》（東周上），頁 34～36；中國青銅器全集編輯委員會：《全集 9》，圖 50（頁 53）；王世民等：《分期》，頁 54～56。

〔註78〕馬承源：《精華》，圖 337（頁 96）。

則不明顯，但由角的根部判斷，應與上述圖例相同，為尖角。整體而言，與上述圖例的差異頗多，但由於紋飾出現的部位與整體的外觀特徵大致相似，故仍列入本式龍紋中。

44-11

圖版 44-11：

器名：鬲。部位：腹部。時代：春秋早期。出土地：河南淅川下寺。

紋飾說明：圓形目，旁有線條延伸，尖角，右側龍紋下唇可見略呈倒 T 形，左側龍紋較不明顯，上唇與長鼻狀裝飾相連並翻卷過首，直至臀部，並由左側龍紋可見相接處有分歧，於龍首後方長鼻狀裝飾有斷開的痕跡，身軀沿棱脊留白，尾部彎勾有分歧，腹下有一足。本圖版位於兩足之間，與其他龍紋最大的差別在於腹下有足。

44-12

圖版 44-12：

器名：鬲。部位：腹部。時代：春秋早期。

紋飾說明：紋飾特徵與圖版 44-11 接近，在目型、長鼻狀裝飾的形式，以及身軀裝飾的形態等方面皆相同，但為雙唇上卷，下唇不呈倒 T 形（左側龍紋尤其明顯）。由右側龍紋可看出龍紋上唇與長鼻狀裝飾有斷開的痕跡，但由於拓本下方不全，不知有足與否，然由右側龍紋推斷，應該無足。由拓本可知，鬲的棱脊呈尖刺狀，頗為特殊，與其他圖版不同。

其他相似紋飾亦可見於虢文公子㕛鬲、虢李氏子㕛鬲、虢李鬲等器〔註79〕，為西周晚期前段器，以及卷龍紋鬲〔註80〕與《紋樣》圖 5-133（頁 180），屬西周晚期器。其中虢文公子㕛鬲與虢季鬲長鼻狀裝飾與上唇相連無斷開，與圖版 44-10 的上唇形態相似，並於角前做分歧，較為特殊；其餘紋飾特徵則皆與圖版 44-6 大致相同，此處不再贅述。綜合以上資料可知本式龍紋以圖版 44-8、44-10、44-11、44-12 較為特殊，圖版 44-8 大致仍與圖版 44-6 的標準形態接近，僅做細微的改變，如身軀彎折角度的改變、長鼻狀裝飾的長度略短並有額外裝飾；但由圖例中可見圖版 44-10、44-11、44-12 差異更大，逐漸遠離標準形態的框架，或下唇形態不同，或長鼻狀裝飾長度更短並與上唇相連，或尾部出現龍首裝飾等，皆較圖版 44-8 富有更多的變化。除此以外的其他紋飾整體特徵一致性頗高，皆為粗短的尖角，身軀尾部彎勾並分歧，長鼻狀裝飾多於龍首後方呈現斷開的痕跡，主要的差異表現在目型與唇型上。目型有做突出之圓形目（如圖版 44-5、44-7），或為兩旁有歧出現條的圓形目（如圖

〔註79〕 以上諸器分別為《分期》，鬲圖 18、19、20。詳參王世民等：《分期》，頁 54～56。

〔註80〕 見陳佩芬：《夏商周》（西周下），頁 429。

版 44-6、44-9、44-11、44-12,《紋樣》圖 5-133),極少數爲臣字形目(如圖版 44-8);唇型則多雙唇上卷,其中少數龍紋上唇較爲短小(如圖版 44-7、44-8)或與鼻前裝飾相連(如虢文公子𣪘鬲與虢季鬲),或做上唇上卷,下唇爲倒 T 形(如圖版 44-10、44-11)。但雖有上述的細微差異,但由圖版資料可知與年代的前後關係不大,應以紋飾運用的變化視之較爲恰當。

整體而言,可知本式紋飾以圓形目,尖角,雙唇上卷,身軀尾部彎勾並分歧,長鼻狀裝飾翻卷過首與尾相接,並於龍首後方有斷開痕跡的形態最爲常見;然於西周晚期則開始出現些微的改變,如目型爲臣字形目,上唇與長鼻狀裝飾相連,或於長鼻狀裝飾上做分歧裝飾等,但如圖版 44-6 仲枏父鬲之常見標準型態仍繼續出現,顯示西周晚期時本式紋飾開始具有嘗試與變動的徵兆。而圖版 44-10、44-11、44-12 紋飾特徵與圖版 44-6 的標準形態差異漸大,由資料可知屬春秋早期器,則顯示西周晚期本式龍紋雖已有些微的改變,但大致仍在標準形態的框架下,但春秋以後則紋飾逐漸擺脫既有的形式,而於紋飾中顯現出更多的嘗試與變動。此現象除與時間因素有關之外,地域特色的影響亦需考量其中,雖圖版 44-8、44-12 未知由何地出土,但由圖版 44-10、44-11 中的出土地資料可知,其分屬黃縣與淅川兩地,相當於春秋時期的齊國與楚國之地,因此紋飾中融入當地特色,呈現與其他紋飾不同的風格特色亦不無可能。

由上述可知器名的圖版,對應他書中之銅器照片,除卷龍紋鬲器型較爲特別之外〔註 81〕,可知多屬相似的器型——無耳平沿矮身,多平檔之鬲;並且紋飾於器物上的安置方式亦相同,皆以棱脊爲中心,兩龍做相對狀,整器共有三組龍紋。換言之,本式紋飾與器類間具有緊密的關聯性。在《分期》一書中將此器型列爲鬲 III 型二式,其流行於西周中期至晚期〔註82〕,與上述圖版資料大致吻合,故可知此類紋飾流行上限爲西周中期。至於年代下限方面,由於圖版 44-9 魯伯愈父鬲年代上略有爭議,亦有將其定爲春秋早期器,又圖版 44-10、44-11、44-12 爲春秋早期器,因此本紋飾流行下限應延至春秋早期較爲周全妥當。綜上所述,可知方卷 II 式紋飾見於西周中期至春秋早期,出現器類則全爲鬲。

此外,文前曾提到本式龍紋若無長鼻狀裝飾,則身軀形態與 C 卷 II A 頗

〔註81〕此鬲足部不明顯,亦無棱脊。見陳佩芬:《夏商周》(西周下),頁 429。
〔註82〕王世民等:《分期》,頁 54～56。

爲相像。由本章第一節的分析可知 C 卷 II A 龍紋可見於殷墟中期，器類則爲
觥。就時代而言早於方卷 II 式龍紋，C 卷 II A 確實有影響方卷 II 式龍紋的可
能性，但由於出現器類不同，又 C 卷 II A 僅單一圖版，無更多的資料佐證，
由目前可掌握的資料並無法明顯看出兩者間的絕對關係。因此筆者認爲，C 卷
II A 即便對方卷 II A 龍紋有所影響，但也不深，僅具啓發的性質。

（二）方卷 II B：尾部向上卷翹

本組龍紋尾部向上卷翹，以長鼻狀裝飾或上唇翻卷過首至臀部，部分龍
紋尾部有龍首裝飾。

44-13

圖版 44-13：
器名：虢叔簠。部位：器蓋。時代：西周晚期。上海博物館
藏。
紋飾說明：龍首側視居中，圓形目旁有線條，整體略似臣字
形目，尖角〔註 83〕，雙唇上卷，上唇與長鼻狀裝飾相接後，
向上翻卷過首與臀部相接，於龍首後方有斷開的痕跡，身軀
沿棱脊留白裝飾，尾部上翹後內卷，又尾部前端又有另一龍
首狀的裝飾，延伸後向下，小龍首無角，目型與大龍首相同，
雙唇外卷，上唇向上，末端分歧。兩龍首呈同向。西周晚期
的芮太子白簠〔註 84〕與春秋早期的邿公誋簠腹部紋飾亦與
本紋飾相似。〔註 85〕

44-14

圖版 44-14：
器名：簠。部位：器蓋。時代：西周晚期。出土地：山東滕
縣後荊溝。
紋飾說明：龍首側視居中，圓形目旁有短線條，整體略似臣
字形目，角的尖端分歧向外卷，整體爲羊角狀，其他龍紋皆
未見，雙唇上卷，上唇與長鼻狀裝飾相接後向上翻卷過首，
繞至臀部相接，於額前有分岔狀，於龍首後方有斷開的痕跡，
身軀沿棱脊留白裝飾，尾部上翹後內卷，又尾部前端又有另
一龍首狀的裝飾，直接與身軀相連未斷開，兩龍首等大，尾
部龍首角型不明，目型則與另一龍首相似，雙唇外卷，但鼻
前裝飾與上唇未相連。兩龍首呈相對。

〔註83〕 此尖角受到所置空間的影響，呈一邊爲鈍端一邊爲尖端，尖端與鈍端略微等
　　　　 高，如圖一之形狀。整體而言，與一般尖角之形態（如圖二）較近似，仍保
　　　　 留尖端的特徵；又與圖版 44-17、44-18 其角型如圖三，兩邊皆爲鈍端，T 形
　　　　 特徵明顯，與本圖版相比特徵差異較圖二大，故筆者以爲此乃尖角爲適應圖
　　　　 版空間所做之變形：
　　　　 　　　　（圖一） 　　　　（圖二） 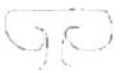　　　　（圖三） 
〔註84〕 丁孟：《200》，圖 101（頁 154），現爲北京故宮博物館藏。
〔註85〕 陳佩芬：《夏商周》（東周上），頁 49。可能出土於陝西商縣。

44-15

圖版 44-15：

器名：魯伯愈父簠。部位：器蓋。時代：春秋早期。

紋飾說明：龍首側視居中，圓形目旁有短線條，整體略似臣字形目，尖角，雙唇上卷，上唇與長鼻狀裝飾相接後向上翻卷過首，繞至臀部相接，於額前有分岔狀，於龍首後方有斷開的痕跡，身軀沿棱脊留白裝飾，尾部上翹後內卷，又尾部前端又有另一龍首狀的裝飾，直接與身軀相連未斷開，兩龍首等大，尾部龍首目型不明，下唇簡省，上唇上卷，額頂有裝飾後卷過首，龍首上有尖端分岔的長冠裝飾。大體而言，整體特徵與圖版 44-14 極為近似，但角型略有不同。

44-16

圖版 44-16：

器名：簠。部位：器蓋。時代：春秋早期。

紋飾說明：紋飾整體與圖版 44-15 極為相似，兩龍首的形態、細節特徵等皆頗為相似。但長鼻狀裝飾於龍首斷開後內卷，臀部有另一彎勾的線條，由左側龍紋可見角型為 T 形角，且身軀較粗，故整體紋飾線條較為密集而不疏朗。除上述兩點外，其餘皆同。

44-17

圖版 44-17：

器名：簋。部位：不明。時代：春秋早期。

紋飾說明：圓形目旁有歧出的短線條，整體略似臣字形目，T 形角，雙唇上卷，上唇與長鼻狀裝飾相連，翻卷過首至臀部，於額前做分岔，於龍首後方有斷開的痕跡，身軀沿棱脊留白裝飾。此拓本看不出尾部有無龍首裝飾，但由尾部線條的趨勢推測，可知尾部呈上卷的形態。

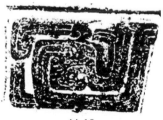

44-18

圖版 44-18：

器名：甗。部位：不明。時代：春秋早期。出土地：湖北隨縣下店。

紋飾說明：目型不明，但較可能為圓形目旁有線條，T 形角，雙唇上卷，上唇與長鼻狀裝飾相連，翻卷過首至臀部，於額前做分岔，於龍首後方有斷開的痕跡，身軀沿棱脊留白裝飾，尾部上卷後與鼻前裝飾平行後外卷。由拓本中看不出尾部有無龍首裝飾。

44-19

圖版 44-19：

器名：鼎。部位：不明。時代：春秋早期。出土地：湖北隨縣尚店。

紋飾說明：目型不明，但較可能為圓形目，尖角，雙唇上卷，額前長鼻狀裝飾翻卷過首至臀部，於龍首後方有兩處歧出的裝飾，身軀有兩條與身軀平行的留白裝飾，尾部上卷後，前端有另一豎立的裝飾與額前裝飾相接。尾部無龍首裝飾。由拓本的形狀推測，紋飾位於口沿或腹部。

其他尚有鑄公簠、鑄子叔黑簠、商丘叔簠、山奢虎簠〔註86〕、象首獸紋簠〔註87〕器蓋紋飾與圖版 44-15、44-16 形態、特徵相似，其中僅鑄公簠角型為 T 形角，其他為尖角。薛子仲安簠、薛仲赤簠器蓋紋飾〔註88〕則與圖版 44-17、44-18 紋飾近似，且由銅器照片可確知尾部無龍首裝飾，亦可做為圖版 44-17、44-18 尾部形式的參考。曾伯文𦉜〔註89〕肩部紋飾則與圖版 44-18 紋飾外觀略微近似，但下唇呈倒 T 形，長鼻狀裝飾僅至龍角前方，末端為小龍形態，龍首後方另有一由臀部伸出的彎勾裝飾至龍角後方，與圖版 44-19 龍首後方的形態略似，融合圖版 44-18 與 44-19 的特徵。由伯𦉜〔註90〕肩部紋飾則與圖版 44-19 近似，但角型介乎 T 形角與尖角之間，但略偏 T 形角，且長鼻狀裝飾與上唇直接相連未斷開，然於龍首後方有斷開的痕跡。以上諸器皆為春秋早期器，故綜合圖版資料與文字資料，可知本組龍紋可見於西周晚期至春秋早期，但以春秋早期較為多見；器類上則十分不一致，簠、簋、甗、鼎、𦉜等，但以簠最為多見。

以上圖版的細微差異主要表現於目型、唇型、角型、鼻前裝飾上。目型多為圓形日旁有兩線條裝飾，少數拓本目型不清晰（如圖版 44-18、44-19）；唇型則皆雙唇上卷，但部分紋飾上唇與長鼻狀裝飾斷開（如圖版 44-19、曾伯文𦉜）；角型則多為尖角，但受到紋飾發展空間侷限而略做變形，部分為 T 形角（如圖版 44-16、44-17、鑄公簠），僅一例為羊角狀（如圖版 44-14）；鼻前裝飾則多於額前分歧，極少數無（如圖版 44-13、44-19）。整體而言，紋飾的差異看不出與時間有絕對的關係，反而與器類關聯較多。本組龍紋出現於簠上之紋飾相似度較高，出現於其他器類之紋飾則細節差異較多。圖版 44-13 至 44-16 出現於簠，其尾部皆有另一龍首裝飾，與其他圖版的區別明顯；由文字資料中亦可見鑄公簠等器蓋紋飾特徵多與圖版 44-15、44-16 相似，尾部亦有龍首裝飾；唯薛子仲安簠、薛仲赤簠器蓋紋飾較為特別，尾部無龍首裝飾。

〔註86〕以上諸器見於陳佩芬：《夏商周》（東周上），頁 50、54、57、60。

〔註87〕馬承源：《精華》，圖 663（頁 187）。出土於山東肥城，現藏於山東省博物館。

〔註88〕以上諸器見馬承源：《精華》，圖 664、665（頁 187）。薛子仲安簠出土於山東滕縣薛城遺址，現藏滕縣博物館；薛仲赤簠出土於山東滕縣薛國故城，現藏山東省博物館。

〔註89〕見馬承源：《精華》，圖 719（頁 203），出土於湖北隨縣熊家老灣，現藏湖北省博物館。

〔註90〕陳佩芬：《夏商周》（東周上），頁 77。

而尾部龍首形態則有二：圖版 44-13、郜公諴簠器蓋紋飾的形式略微不同，兩龍首同向並呈現大小的區別，與圖版 44-14 至 44-16 以及鑄公簠等器兩龍首相對並同大的情形不同。由圖版 44-13、44-14 皆為西周晚期器可知上述兩種模式的差別最初可見時代上並無差別；然由圖版 44-15、44-16 以及鑄公簠等器皆為春秋早期則可知，兩龍首同向並有大小區別的模式於春秋以後則少見，僅見郜公諴簠一例，逐漸被兩龍首相對並同大的情形所取代。綜合西周晚期與春秋早期紋飾的差異可知，兩種模式的差異出現時間有所重疊，皆可見於西周晚期，然至春秋早期時，則以兩龍首相對並同大的情形最為多見。圖版 44-17、44-18 由拓本中未見尾部龍首裝飾，但由於拓本似乎為截斷的狀態，因此無法確知龍紋尾部的詳細狀態，但若僅就可見的拓本分析，圖版 44-17、44-18 的紋飾特徵與圖版 44-14 至 44-16 中間相背對的兩龍首（即主要龍首，非尾部次要龍首）頗多相似，尤其在上唇與長鼻狀裝飾的關係及其細節特色等方面，額前分開與龍首後方斷開的痕跡皆完全一致；又與尾部無龍首裝飾的薛子仲安簠、薛仲赤簠器蓋紋飾相似。綜合上述資訊，可歸納出春秋早期時本組龍紋慣用、常見的模式，即不論尾部有無龍首裝飾，其主要龍首特徵皆相似，又不僅於簠上為此模式，於簋、盨上亦同。換言之，若將尾部龍首的特徵暫時遮掩、忽略，則本組龍紋的特徵其實極為一致；而簠器上之紋飾則尾部多有另一龍首裝飾。

綜上所述，本組紋飾圖版共有七器，文字資料十器，共計分析十七器，其中僅三器為西周晚期，其餘皆為春秋早期器；器類上簠器共有十二器，罐器兩器，其餘分別為簋、盨、鼎等器類。綜上所述，方卷 II B 可見時間為西周晚期至春秋早期，時間上雖與方卷 II A 紋飾重疊，但由紋飾數量的分布可知主要出現時間較方卷 II A 紋飾略晚，以春秋早期為多；器類則以簠器最多。

三、方卷 III 式：橫 S 卷龍紋

本式龍紋身軀卷曲，整體略呈長方形，又有卷曲的長鼻裝飾與上唇相接，其形態與身軀對稱，故龍紋整體略呈橫 S 形，姑暫名橫 S 卷龍紋。

44-20

圖版 44-20：

器名：函皇父鼎。部位：腹部。時代：西周厲王（西周晚期）。
出土地：陝西扶風康家村。

紋飾說明：圓形目，兩旁有延伸而出的短線條，整體略似臣

字形目，角如戟形，於其他龍紋中未見，頗爲特殊，雙唇上卷，上唇前另有延伸的長鼻狀裝飾相接，尖端彎勾處有分岔，尾部下卷，末端形態亦與長鼻裝飾相同，背上有三處歧出的短鰭狀裝飾，身軀上有花紋裝飾，無足，有雲雷紋爲地紋。

44-21

圖版 44-21：

器名：函皇父鼎。部位：口沿。時代：西周厲王（西周晚期）。出土地：陝西扶風康家村。

紋飾說明：方形目，兩旁有延伸而出的短線條，尖角，雙唇上卷，上唇與延伸的長鼻狀裝飾直接相連無斷開，尖端彎勾處有分岔，尾部下卷，末端形態亦與長鼻裝飾相同，身軀沿棱脊留白，長鼻狀裝飾與龍首間、以及身軀與龍首間皆有一「匕」字形裝飾，無足，有雲雷紋爲地紋。

44-22

圖版 44-22：

器名：鼎。部位：不明。時代：西周時期。〔註91〕

紋飾說明：龍紋特徵、形態等皆與圖版 44-21 極爲相似，唯角型不同。本圖版爲 T 形角，但與圖版 44-21 角型之外觀相近，僅內部線條略有差異，即 T 形角若拓本不清，則與圖版 44-21 之尖角相同，懷疑可能與圖版 44-21 爲同一器或同一組器之拓本，但拓本清晰程度有差。

44-23

圖版 44-23：

器名：邢姜簋。部位：口沿。時代：西周晚期。

紋飾說明：兩龍相對，中有棱脊相隔。圓形目，兩旁有延伸而出的短線條，整體略似臣字形目，尖角，雙唇上卷，額前與下唇旁有歧出的線條，上唇前另有延伸的長鼻裝飾相接，尖端彎勾處有分岔，尾部下卷，末端形態亦與長鼻裝飾相同，身軀沿棱脊留白，無足，有雲雷紋爲地紋。右側龍紋由於角型較不明顯，已略具完全對稱的特徵，但其彎曲的形態與下唇仍有細微的差異。

44-24

圖版 44-24：

器名：侯母壺。部位：頸部。時代：西周晚期。〔註92〕

紋飾說明：圓形目，兩旁有延伸而出的短線條，整體略似臣字形目，無角，雙唇上卷，額前與下唇旁有歧出的短鬣，上唇前另有延伸的長鼻狀裝飾相接，尖端彎勾處有分岔，尾部下卷，末端形態亦與長鼻裝飾相同，身軀沿棱脊留白，無足，有雲雷紋爲地紋。

〔註91〕　本圖版僅見於《圖錄》一書，但書中資料僅知爲西周時期，未知屬西周何階段，此處保留《圖錄》中所見原樣。但由於圖版 44-22 與 44-21 極爲相似，故置於圖版 44-21 之後，以利讀者比對。

〔註92〕　關於侯母壺年代的爭議請參本章註 71。

　　有學者認爲，本組龍紋爲部分形式竊曲紋（或稱獸目交連紋）的前身〔註 93〕，觀察竊曲紋的圖版可知其紋飾呈完全對稱的狀態，與本組龍紋仍有些許差異。因此本文對兩者的區別即以紋飾對稱與否做區別，若完全對稱之紋飾則歸入竊曲紋中不納入本文討論。如圖版 44-21 至 44-24 長鼻裝飾與尾部紋飾特徵雖已完全的相同、對稱，但透過長鼻與上唇相連與否，以及角與唇型的細微差異仍可確知爲本組龍紋之討論範疇。

　　本組龍紋數量不多，其中圖版 44-20 與 44-21 爲同一器不同部位之拓本，故以一器計算；而圖版 44-22 與圖版 44-21 雖極爲相似，但由資料中無法確知是否爲同一器，仍以兩器計算。又師袁簋蓋沿與口沿紋飾亦屬本組龍紋〔註 94〕，其紋飾特徵與圖版 44-23 較爲近似，爲西周宣王器。總計本組龍紋共見於五器之上。出現器類方面，有二器爲鼎，二器爲簋，一器爲壺。本式龍紋既被視爲竊曲紋的前身，顯示其紋飾發展的方向應由不對稱至對稱，終至竊曲紋的完全對稱。

　　上述圖版中，僅圖版 44-20 可明顯區分身軀與長鼻狀裝飾的差異，顯示紋飾對稱的特徵尚未完全成熟，圖版 44-21 至 44-24 的紋飾則更趨對稱，長鼻狀裝飾與身軀卷曲的形式完全相同，甚至部分龍紋（如圖版 44-21、44-22）長鼻狀裝飾直接與上唇相連，使兩者間的區別更小；但不論身軀與長鼻狀裝飾的差異與否，經由角的形態與唇部形態比對，皆可見其中的差異，可知龍首上部與下部並非完全的一致，雖圖版 44-23 右側龍紋已趨近完全的對稱，其角型與唇型幾近相同，但其長鼻狀裝飾與上唇間有斷開的痕跡可知，其仍非竊曲紋。而圖版 44-20 與 44-21 同爲函皇父鼎上之紋飾，函皇父鼎爲厲王時器，屬西周晚期前段，顯示紋飾對稱的特徵（即圖版 44-21）於西周晚期前段即已顯露端倪，並與長鼻狀裝飾與身軀卷曲具有差別的形式（即圖版 44-20）並存。師袁簋爲西周宣王器，時代晚於西周厲王，爲西周晚期後段，其紋飾幾近完全的對稱，更顯示紋飾演變的方向乃由不對稱至對稱；另一方面，亦可推測圖版 44-23、44-24 其時代或與師袁簋較爲相近，而晚於函皇父鼎（圖版 44-20、44-21）；圖版 44-22 則與圖版 44-21 幾乎完全相同，故推測應屬同

〔註 93〕詳見彭裕商：《年代》，頁 549～574 以及王世民等：《斷代》，頁 182～193 皆討論到竊曲紋的來源與分式，但本文對於竊曲紋的形式、外觀的資料主要採用彭裕商之說。獸目交連紋的稱呼則見於馬承源之《中國青銅器》，頁 332；上海博物館青銅器研究組之《商周》，頁 257 文中獸體變形紋一類中。

〔註 94〕陳佩芬：《夏商周》（西周下），頁 465。

一時期，至少亦不離西周晚期的範圍。

綜上所述，可知本組龍紋皆屬西周晚期，然侯母壺（圖版 44-24）亦有春秋早期之說，故本組龍紋可見下限或可延至春秋早期，然整體而言本組龍紋主要可見時間仍為西周晚期。根據彭裕商之研究成果，竊曲紋可依照紋飾的來源分做若干型式，其中由本組龍紋演變之竊曲紋，流行於西周中晚期之際，直至春秋早期皆可見其孑遺〔註 95〕，與本式龍紋的可見時間有所重疊，顯示兩者間雖有承接的關係，卻並存於同一時期，並非以竊曲紋完全取代龍紋的地位。

雖本組龍紋被視為竊曲紋的前身，按理而言其紋飾發展的方向當由不對稱至對稱，終至竊曲紋的完全對稱。然由本組龍紋與竊曲紋並存的現象看來，顯示紋飾實際運用時不盡然以取代的方式表現，亦可能為並存的狀態；或許看似與推理矛盾，但即便如此紋飾發展的邏輯與原則仍是年代判斷上的重要參考。

方型卷龍紋共二十四個圖版，加以文字資料，共計分析四十二器。依紋飾特徵分為三式，其差異主要在方卷 I 式身軀朝同一方向卷曲成方塊狀，無其他部件相互搭配；方卷 II 式龍紋則與長鼻狀裝飾或其他部件共同卷繞成方形，又可依龍紋尾部的形態分做兩組；方卷 III 式則有與身軀卷曲方式近似或相同的長鼻狀裝飾。其中方卷 I 式共五器，方卷 II 式共三十二器，為方型卷龍紋中數量最多者，方卷 III 式共五器，其器類及年代資料如下：

表 4-7：方型卷龍紋器類暨年代一覽表

	鬲	簋	鼎	甗	盨	罍	盂	壺	鐘	合計	時　　　　代
方卷 I	1		1				1	1	1	5	西周中期－春秋早期
方卷 II A	14									14	西周中期－春秋早期，以西周晚期為多
方卷 II B		13	1	1	1	2				18	西周晚期－春秋早期，以春秋早期為多
方卷 III			2		2			1		5	西周晚期－春秋早期，以西周晚期為多
合　計	15	13	4	1	3	2	1	2	1	42	

由上表可明顯看出方卷 I 式器類非常的分散，數量不多，由前述圖例中亦可知其紋飾形態不一，雖皆身軀朝同一方向卷曲成方形之特色，但其中細節

〔註95〕彭裕商：《年代》，頁 569～570。

差異較大。反觀方卷 II 式則紋飾特徵與出現器類皆較爲一致，並且器類與紋飾特徵有極大關聯，如方卷 II A 出現的器類皆爲鬲，由前述圖例中可看出其紋飾形態頗爲一致，細節差異不大，並且該組紋飾多出現與同一器型之鬲上（無耳平沿矮身且多平檔之鬲），顯示器型與紋飾運用間的深厚關係；方卷 II B 則以簋器最爲多見，由前述圖例中亦可看出簋器上的紋飾相似度較高，並與其他器上紋飾具有細微的差異，亦顯示器型與紋飾運用間的關聯，即便如此，非簋器之紋飾仍與簋器之紋飾有所共通之處，但以出現於簋器與瓶器仍較鼎器與罐器上的紋飾更爲接近簋器。方卷 III 式與方卷 I 式數量相同，出現器類亦不一致，然較方卷 I 式略爲集中，以鼎、簋上略多；且其紋飾的一致性高，紋飾多呈幾乎完全對稱的橫 S 形態，前述圖例中僅圖版 44-20 一例紋飾差異略大，身軀與長鼻狀裝飾形式明顯不同。

方卷 I 式可見年代上限爲西周晚期，略晚於方卷 II A 的西周中期，經由前述圖版可知方卷 I 式各例間仍存有細微的差異，呈現變動的特徵；雖方卷 II A 於西周中期已可見，但於前文分析中已提及方卷 II A 進入西周晚期後紋飾細節差異較西周中期明顯，如目型做臣字形目，上唇與長鼻狀裝飾相連，或於長鼻狀裝飾上做分歧裝飾等變異；方卷 II B 則以春秋早期爲多，如前述簋上之紋飾相同性較高，但西周晚期與春秋早期的紋飾間仍存在兩龍首方向的不同，又非簋器之紋飾皆見於春秋早期，亦可知其中的變動性；方卷 III 式之紋飾發展有漸趨對稱的趨勢，但其長鼻狀裝飾與身軀形式對稱與否，於西周晚期間仍存在著並行的階段。綜合以上現象，顯示方型卷龍紋不論何式，於西周晚期開始紋飾的變動性漸高，此現象與該時期政治的變動性或許有極大的關聯。

方型卷龍紋於殷墟時期完全未見，最初見於西周中期，顯示其爲後起的紋飾；整體而言，方型卷龍紋見於西周中期至春秋早期的範圍間，大致而言各式多以西周晚期最爲多見，而春秋早期之後又逐漸爲蟠螭紋取代。蟠螭紋係指兩條或兩條以上的小龍相互交繞，組成一個紋飾單元，再重複出現構成帶狀或密布於器表，而其身軀的卷折多呈方形。某種程度上蟠螭紋可視爲方型卷龍紋的變形應用，但由於蟠螭紋的特徵主要在於器物整面的裝飾，已非單一龍紋，故不爲本文的討論範圍；但蟠螭紋的出現與流行，可做爲方型卷龍紋僅流行至春秋早期的原因。

整體而言，方型卷龍紋各部位紋飾特徵如下：目型以圓形目旁有線條裝

飾數量最多，約佔全體紋飾八成，其他如圓形目、方形目旁有線條、臣字形
目等類型則各見三例、三例、一例；時代上，圓形目旁有線條通見於西周
至春秋時期的各個階段，圓形目、方形目旁有線條、臣字形目等類型則侷限
於西周晚期。唇型則僅見雙唇上卷，與上唇上卷且下唇倒 T 兩種，以前者
爲主要形式，數量高達九成以上，後者則僅見三例；時代上，雙唇上卷通見
於西周至春秋時期的各個階段，上唇上卷且下唇倒 T 則僅見於春秋早期。
龍首裝飾以尖角最爲常見，約佔全體數量的八成，其他尚有 T 形角、變形如
羊角的 T 形角（圖版 44-14）、戟形角（圖版 44-20）、無裝飾等形式；時代
上，尖角通見於西周至春秋時期的各個階段，其他形式除 T 形角可見於西周
晚期與春秋早期兩階段外，其餘皆僅見於西周晚期。身軀裝飾上則全體一
致，皆爲棱脊留白的形式；可見於西周至春秋各階段。足部多爲無足的形
式，僅圖版 44-11 一例有二足，極爲特別；圖版 44-11 爲春秋早期，無足的形
式則可見於西周至春秋間。由上述分析中可看出紋飾基本上於西周至春秋階
段呈現一個穩定的狀態，紋飾間特徵一致性極高，其間的細微變異除唇型、
足部出現於春秋早期外，其餘部位皆出現於西周晚期，與前文分析中將各
式紋飾分開探討的結論一致，顯示方型卷龍紋不論是個別的單一類型或整體
來看，皆在西周晚期以後呈現出變動的狀態。各部件特徵與時代的關聯整理
如下：

表 4-8：方型卷龍紋各部件特徵與時代關係表

	時　　代　　特　　色
目	1. 圓形目旁有線條通見於西周至春秋時期的各個階段。 2. 圓形目、方形目旁有線條、臣字形目等類型則侷限於西周晚期。
唇	1. 雙唇上卷通見於西周至春秋時期的各個階段。 2. 上唇上卷且下唇倒 T 則僅見於春秋早期。
龍首裝飾	1. 尖角通見於西周至春秋時期的各個階段。 2. T 形角可見於西周晚期與春秋早期兩階段外。 3. 如羊角的 T 形角、戟形角、無裝飾等形式皆僅見於西周晚期。
身	1. 身軀裝飾皆爲棱脊留白的形式；可見於西周至春秋各階段。
足	1. 主要皆爲無足，可見於西周至春秋間各階段。 2. 僅春秋早期有一例做二足。

第五節　小　結

　　本章分析雙身型爬行龍紋與卷龍紋，其中卷龍紋又依身軀特徵分做數型，分別為 C 型卷龍紋、O 型卷龍紋與方型卷龍紋，各型下又分做數式。雙身型爬行龍紋有別於其他類型之爬行龍紋，龍首為正視狀，與 O 卷 I 式卷龍紋相同，其中並與 O 卷 I A 龍首特徵相同。從中可見雙身型爬行龍紋與其他類型爬行龍紋的區隔，及與卷龍紋的關聯性，以下將略述各型式之特色，並論述其中的關聯。

一、雙身型爬行龍紋

　　數量不多，又無特殊差異，故不再分式。具有龍首正視，兩側身軀呈波曲狀，並有雲雷紋補地的共同特徵；龍首則多以圓形目、內卷狀彎角裝飾，整體略似羊首，唇部皆為正面張口狀。其差異表現於身軀紋飾與身側裝飾上，殷墟時期身軀以菱格紋裝飾，身側多以圓渦紋裝飾，少數有足，有足者則無圓渦紋裝飾；西周時期身軀以鱗紋裝飾，身側則以對稱的兩短鰭裝飾。以方鼎上最為常見，其他器類亦多做方形，為雙身型爬行龍紋在器類運用上的特徵。紋飾整體可見於殷墟中期至西周早期。

二、C 型卷龍紋

1. C 卷 I 式：尖角，圓形目，雙唇外卷，身軀以雲雷紋裝飾，尾部下垂，有雲雷紋補地，見於殷墟中期，C 型卷龍紋中圖版僅見一例屬本式，器類為卣。

2. C 卷 II 式：與 C 卷 I 式主要區別在於尾部彎勾。

   (1) II A：尖角，方形目，雙唇外卷，身軀以雲雷紋裝飾，尾部彎勾，有雲雷紋補地，見於殷墟中期。與 C 卷 I 式特徵極為相似，但尾部形態有所區別，C 型卷龍紋中圖版僅見一例屬本式，器類為觥。

   (2) II B：以冠或長翼裝飾龍首，雙唇內卷，身軀多以粗黑線條表示，尾部彎勾，有雲雷紋補地，見於殷墟中期至晚期，以殷墟晚期為多，器類則多出現於觚上。

3. C 卷 III 式：本式尾部平直。

   (1) III A：曲折角，臣字形目，凹字形耳，雙唇型態不明，身軀以雲雷紋裝飾，尾部平直，有雲雷紋補地，見於殷墟中期至晚期，器類全

爲觚。

(2) III B：曲折角，圓形目，雙唇上卷，身軀多爲粗黑線條，尾部平直，腹下有足，胸前有短鰭，龍紋與圓渦紋相互間隔，紋飾整體呈帶狀，無地紋，見於殷墟晚期至西周晚期，但以西周早期最爲多見，器類則多出現於簋上。

C型卷龍紋其中三式的分別在於尾部形態，三者皆始見於殷墟中期，但可見年代下限則各式不同，尾部下垂者僅見於殷墟中期，尾部彎勾者可見於殷墟中期至晚期，尾部平直者始見於殷墟中期至西周晚期，流行年代較長。除尾部之外，在目型、唇型、龍首裝飾等方面也略具時代的分野，臣字形目、方形目侷限於殷墟時期，圓形目則見於殷墟時期至西周時期；雙唇外卷皆爲殷墟中期，雙唇不明者多爲殷墟中期，雙唇內卷者多爲殷墟晚期，雙唇上卷者多爲西周早期；尖角、長冠僅見於殷墟時期，T形角、半環狀角見於西周早期，曲折角則可見於殷墟時期至西周時期。整體而言，C型卷龍紋以C卷III B紋飾數量最多，運用時間最長，但C卷III B紋飾短小，與其他型式之紋飾差異較大；而C卷II B、C卷III A紋飾皆主要見於觚器，可推知C卷II B、C卷III A的關聯性，以及與C卷III B的區別性，兩者紋飾的差異，可視爲觚器慣用紋飾的改變。C卷I式、C卷II A則因圖例數量極少，器類亦不相同，較難與其他型式一併討論。

三、O型卷龍紋

1. O卷I式：龍首正視。

(1) I A：圓形目，多內卷狀彎角，龍首略似羊首，極少數做瓶狀角，唇部做正面張口狀，身軀以鱗紋裝飾，身軀盤繞做圓盤狀，皆無足。見於殷墟中期至西周早期，器類不一，可見於罍與罍上。

(2) I B：多臣字形目，瓶狀角，唇部做正面張口狀，有鼻樑、鬢、耳等細部描繪，耳有葉狀尖耳與凹字形耳兩種，身軀以鱗紋裝飾，若出土於河南安陽則以菱格紋裝飾，身軀盤繞爲圓盤狀，身軀間多夾見小龍，少數紋飾有爪狀足。見於殷墟中期至春秋晚期，以殷墟中期數量較多，全見於盤底。

2. O卷II式：龍首側視。

(1) II A：紋飾特徵與O卷I B較爲接近，亦見於盤底，各部件特徵描

繪詳細，龍首做側視狀，臣字形目，半環狀角，雙唇上卷或外卷，身軀以鱗紋裝飾，皆無足。紋飾數量不多，可能為 O 卷 I B 的變形運用，可見於殷墟中期至殷墟晚期。

(2) II B：龍紋多張口銜尾，依紋飾的裝飾差異可分做三小類，B1 紋飾最簡，為圓形目，雙唇形態不明，無角、舌、爪、背部裝飾等裝飾，見於殷墟晚期，為本組紋飾的最初形式。B2 紋飾裝飾略多，方形目，尖角，雙唇外卷，胸口有短鰭，但多無背部裝飾、爪型、舌等較細緻的部件。B3 之紋飾，其紋飾略較 B2 裝飾繁複一些，目型則為臣字形目，兩者的差別主要在於 B3 多出背部裝飾與短鰭轉變為爪足的描繪。B2、B3 可見時間皆為西周早期與西周中期。整體而言，O 卷 II B 可見器類略有差異，但以簋器為多。

(3) II C：紋飾多首尾相碰，少數呈張口銜尾的模樣；多數為圓形目旁有兩歧出線條，雙唇外卷，角型不一，以線條表示或以線條裝飾身軀，多無足、無地紋。見於殷墟晚期至西周晚期，以簋器最為多見。

　　O 型卷龍紋二式的分別在於龍首形態，O 卷 I 式龍首正視，O 卷 II 式龍首側視。O 卷 I B 為 O 卷 I 式的主要代表，全出現於盤上，O 卷 I A 可能為 O 卷 I 式於盤之外器類的少數運用；O 卷 II B 為 O 卷 II 式數量最多者，主要見於簋上，盤次之，並多出現於器物外底，屬紋飾出現部位中較為特殊者，反映紋飾裝飾的高度發展，除器表外，器外底亦成為裝飾的空間；O 卷 II C 亦以簋最多，但以蓋頂的圓形空間為主要發展裝飾的部位，與 O 卷 II B 略有差異。整體而言，O 型卷龍紋最早見於殷墟中期，O 卷 I 式紋飾延續至春秋晚期皆可見，O 卷 II 式紋飾可見至西周晚期。在器類運用上，O 卷 I 式與 O 卷 II 式的主要運用器類有所差異，由盤變至簋，O 卷 II 式雖仍見運用於盤上，但退居次位。而 O 卷 I A 龍首形象與雙身型爬行龍紋的相似，則反應殷墟中期至西周早期時，正視形態之龍首的相同模式（羊首狀的龍首），顯示該時期正視龍首之特徵；另一方面，亦突顯出雙身型爬行龍紋與卷龍紋之間的關聯。

四、方型卷龍紋

　　1. 方卷 I 式：龍紋身軀朝同一方向卷繞。多圓形目旁有兩歧出線條，尖角，雙唇上卷，部分有舌，以粗黑線為身軀，沿棱脊留白裝飾，無足，

多有雲雷紋為地紋。見於西周晚期至春秋早期，器類則非常分散，無特定器類。

2. 方卷 II 式：除身軀本身，亦與其他部件共同卷繞成方形。

(1) II A：圓形目旁有兩歧出線條，尖角，雙唇上卷，身軀做 C 形的彎勾，身軀外圍多另有長鼻狀裝飾繞首至臀部，極少數以上唇與長鼻狀裝飾直接相連做卷繞，多無足。見於西周中期至春秋早期，以西周晚期為多。器類全為鬲，並多出現與同一器型之鬲上（無耳平沿矮身且多平檔之鬲），顯示器型與紋飾運用間的深厚關係。

(2) II B：圓形目旁有兩歧出線條，尖角，雙唇上卷，尾部向上卷翹，以長鼻裝飾或上唇翻卷過首至臀部，部分龍紋尾部有龍首裝飾。見於西周晚期至春秋早期，以春秋早期為多。以簠器最為多見，並與其他器上紋飾具有細微的差異，亦顯示器型與紋飾運用間的關聯。但非簠器之紋飾仍與簠器之紋飾有所共通之處，以簠器與甗器較鼎器與鱓器上的紋飾更為接近簠器。

3. 方卷 III 式：圓形目旁有歧出線條，尖角，雙唇上卷，龍紋身軀卷曲，整體略呈長方形，又有卷曲的長鼻裝飾與上唇相接，其形態幾乎與身軀對稱。可見於西周晚期至春秋早期，以西周晚期為多，與方卷 I 式相同，數量不多並器類分散，但以鼎、簠略多。被視為部份竊曲紋的原型，紋飾多呈幾乎完全對稱的橫 S 形態。

　　方型卷龍紋於殷墟時期完全未見，最初見於西周中期，顯示其為後起的紋飾；整體而言，方型卷龍紋見於西周中期至春秋早期的範圍間，大致而言各式多以西周晚期最為多見，並於西周晚期各式、各組的紋飾皆顯現出變動性，如目型、唇型、角型、足部等，而春秋早期之後又逐漸為蟠螭紋取代。而蟠螭紋的出現與流行，可視為解讀方型卷龍紋流行下限的原因。

　　整體觀之，雙身型爬行龍紋共計出現十三次，殷墟中期至晚期出現七次，西周早期出現六次；由此數據可明顯看出雙身型爬行龍紋主要活躍於殷墟中期至西周早期間，此一階段間數量分布平均，看不出階段的差異性。卷龍紋共計出現一百二十次，殷墟時期出現三十六次，西周時期出現六十三次，春秋時期出現二十一次，可看出殷墟與春秋等時期數量明顯偏少，約為西周時期的一半數量。其中西周早期出現二十一次，西周中期出現十一次，西周晚期二十六次，其他有一次僅知見於西周時期，三次出現於西周晚期至春秋早

期間；由此可看出卷龍紋以西周早期與西周晚期數量較豐，然值得留意的是，西周早期與西周晚期流行之卷龍紋類型不同，西周早期以 C 卷 III B 爲流行代表，西周晚期則以 O 卷 II C、方卷 II A、方卷 II C 等較爲常見，從中可看出卷龍紋於西周間流行類型的改變。

　　若將龍紋各部件一一分析，可發現雙身型爬行龍紋與卷龍紋之龍首裝飾，與第二章中前顧型、下視型爬行龍紋的特徵較爲接近，多以角爲裝飾，僅少數以長冠爲飾。其角型多元，有尖角、曲折角、瓶狀角、內卷彎角、半環狀角、戟形角、葉狀尖角等類型，以前四者數量較多，尖角出現四十二次，曲折角二十九次，瓶狀角十七次，內卷彎角十三次，其餘角型則僅個數案例；尖角雖可見於殷墟至春秋時期，但以西周晚期與春秋早期數量最多，合計佔全體約 85%，曲折角則以殷墟時期至西周早期數量較多，西周晚期以後未見，可見時代較短，瓶狀角主要出現於殷墟中期至晚期，內卷彎角則以西周早期最爲常見，各角型主要出現時代略有差異，對於時代的判斷有所幫助。目型類型則較爲單純，有圓形目、圓形目旁有線條、方形目、方形目旁有線條、臣字形目等，以圓形目（四十七次）、圓形目旁有線條（四十一次）、臣字形目（三十六次）數量最多，其中圓形目、臣字形目、方形目等主要出現於殷墟時期至西周早期，圓形目旁有線條、方形目旁有線條則皆出現於西周中期以後，並以西周晚期與春秋早期數量最豐，顯示在圓形目、方形目旁添加線條裝飾屬後起的目型，並與原有的圓形目、方形目、臣字形目等在時代間呈現出替換關係。唇型有雙唇上卷、雙唇外卷、雙唇內卷、上唇上卷且下唇倒 T、正面張口狀、唇型不明等形式，其中正面張口狀必爲龍首正面的形象，如雙身型爬行龍紋、O 卷 I 式等屬之，唇型不明者皆出現於 C 卷 III A，顯示上述幾類紋飾唇型的一致性與特殊性；整體說來以雙唇上卷數量最多（六十七次），正面張口狀次之（二十八次），唇型不明有十四次，雙唇上卷十三次，其他類型則僅個數案例；其中唇型不明者僅出現於殷墟中期至晚期，正面張口狀集中於殷墟中期至西周早期，雙唇外卷散見於殷墟時期與西周時期，雙唇上卷則主要見於西周時期至春秋時期，以西周晚期數量略多，由上述分析中可見以唇型不明、正面張口狀較具時代侷限性，其他唇型則需參酌其他部位特徵以進行斷代的判斷。身軀表現形式有棱脊留白、粗黑線、鱗紋、雲雷紋、菱格紋等數種，其中龍首側面者除特定類型外（如 O 卷 II A、O 卷 II B），其他多做棱脊留白、粗黑線等形式，相反的，龍首正面者多以鱗

紋、雲雷紋、菱格紋等裝飾身軀，顯示龍首為正面之紋飾，紋飾整體較顯繁複；菱格紋僅見於殷墟時期，雲雷紋亦主要見於殷墟時期，鱗紋則多見於殷墟時期與西周早期，粗黑線以西周早期數量最豐，棱脊留白則以西周晚期與春秋早期最為常見，顯現出各時代中身軀紋飾流行的差異。在所有的雙身型龍紋與卷龍紋中，除 C 卷 III 式皆有足外，以及 O 卷 II B 部分紋飾有足之外，其餘紋飾多為無足，故以足部判斷時代的依據有限，但有足者多見於西周早期之前，西周中期以後幾乎未見，其特徵仍略具時代差異。上述分析以表 4-9 作一簡述。

表 4-9：雙身型爬行龍紋與卷龍紋各部件特徵與時代關係表

	紋　飾　的　時　代　特　色
目	1. 圓形目、臣字形目、方形目等主要出現於殷墟時期至西周早期。 2. 圓形目旁有線條、方形目旁有線條則皆出現於西周中期以後，並以西周晚期與春秋早期數量最豐。 3. 圓形目、方形目旁添加線條裝飾屬後起的目型，並與原有的圓形目、方形目、臣字形目等在時代間呈現出替換關係。
唇	1. 唇型不明者僅出現於殷墟中期至晚期，正面張口狀集中於殷墟中期至西周早期，雙唇外卷散見於殷墟時期與西周時期，雙唇上卷主要見於西周時期至春秋時期，以西周晚期數量略多。 2. 以唇型不明、正面張口狀較具時代侷限性，其他唇型則需參酌其他部位特徵以進行斷代的判斷。
龍首裝飾	1. 皆多以角為裝飾，僅少數以長冠為飾。 2. 尖角見於殷墟至春秋時期，但以西周晚期與春秋早期數量最多；曲折角則以殷墟時期至西周早期數量較多，西周晚期以後未見；瓶狀角主要出現於殷墟中期至晚期；內卷彎角則以西周早期最為常見。
身	1. 龍首側面者多做棱脊留白、粗黑線等形式；龍首正面者整體較顯繁複，多以鱗紋、雲雷紋、菱格紋等裝飾身軀。 2. 菱格紋僅見於殷墟時期，雲雷紋亦主要見於殷墟時期，鱗紋則多見於殷墟時期與西周早期，粗黑線以西周早期數量最豐，棱脊留白則以西周晚期與春秋早期最為常見。
足	1. 除 C 卷 III 式皆有足外，以及 O 卷 II B 部分紋飾有足之外，其餘紋飾多為無足。 2. 有足者多見於西周早期之前，西周中期以後幾乎未見。

　　統合前述分析可發現，雙身型龍紋與卷龍紋雖各部件特徵較上二章之前顧型、下視型、顧首型爬行龍紋等紋飾略具時代分界，但若以單一部件為斷代的標準仍略顯薄弱，仍需輔以其他部件，以一整體紋飾的特徵進行推斷。

雙身型龍紋與卷龍紋各型式間於時代中恰好有所區別，每類型間流行的區塊正好錯開，幾乎沒有重疊；雙身型龍紋見於殷墟時期至西周早期；C型卷龍紋除C卷ⅢB以西周早期爲主要流行時間外，其他型式之C型卷龍紋皆僅見於殷墟時期；O型卷龍紋則除O卷ⅡB以西周早期至中期，以及O卷ⅡC以西周晚期爲主要流行時間，其餘型式之O型卷龍紋皆以殷墟時期爲主要流行時段；方型卷龍紋則多以西周晚期爲主要流行時段，其中方卷ⅡA流行下限可至春秋早期，方卷ⅡB則以春秋早期爲主要流行階段，顯示各型式間紋飾時代上的明顯區隔。

而雙身型爬行龍紋與O卷ⅠA卷龍紋兩者，雖身軀卷曲方式不同，但龍首紋飾特徵幾乎近似，且流行時間亦有所重疊，除紋飾在同一時期特徵的一致性外，或許與兩者紋飾發展空間皆較小有關，雙身型爬行龍紋紋飾整體以身軀較爲醒目，龍首僅佔一小部份，能發揮的空間有限；而O卷ⅠA卷龍紋則因出現部位的多位於柱頂、蓋頂等狹小之處的關係，紋飾所能發揮的空間亦受到限制。在所有龍首正面的紋飾中，就以雙身型爬行龍紋與O卷ⅠA卷龍紋兩者處境相似，O卷ⅠB紋飾則位於盤底做主要紋飾，故龍首紋飾的特徵自然與前述兩者不同。因此筆者認爲雙身型爬行龍紋與O卷ⅠA卷龍紋兩者紋飾的相似，除了同一時代特徵的近似、紋飾間相互影響之外，亦與紋飾發展空間皆受到限制有關；有由於兩者的近似，故將雙身型爬行龍紋列入本章討論。

第五章　龍紋各部件紋飾特色與時代關係之分析研究

　　有別於第二章至第四章以龍紋類型爲軸做分析，本章主要以時間爲軸，探討殷商時期、西周早期、西周中期、西周晚期、春秋時期等各階段之中，各部件類型特色、器類、紋飾出現位置等資料其運用特色，以期與前述分析做區別，藉由不同角度切入，以相互補足分析時可能出現的闕漏或偏失，以達到對紋飾運用的情形做更臻完善的論析。由於分析細項多達九項，除背部裝飾、紋飾所見器類、位置等資料較繁多，做單節討論外，其餘目型、龍首裝飾、唇型、身軀裝飾、足型、尾型等部位，則兩項合做一節進行分析，探討其於各時代階段中所運用分配的現象。

　　分析材料則以前述二至四章之圖版資料及文字資料爲範圍，共計分析 542 筆資料，殷商時期計 205 筆，西周早期 130 筆，西周中期 81 筆，西周晚期 65 筆，春秋時期 36 筆；由於各時期資料數目略有懸殊，考量到論述的客觀性，故於分析時將換算成百本比進行論析，而非資料筆數。此外，部分紋飾時代不明，屬殷墟晚期至西周早期，或西周中晚期等模糊地帶，經筆者統計出現於此類模糊地帶的紋飾數量極少，又由於紋飾的時代資料較爲模糊，對於時代的分析幫助有限，故於本章的分析中則不採用此類紋飾，僅以時代資料明確者爲分析範圍。另，由於部分器類不同部位之紋飾分屬不同類型，或兩處紋飾雖屬同一類型之紋飾，但紋飾特徵略有不同，故仍視爲兩筆資料；如圖版 21-7 與圖版 42-7 的紋飾分見於龔子觚腹部與圈足，前者於筆者分類中屬前

直型爬行龍紋，後者於筆者分類中屬 C 型卷龍紋，兩紋飾類型懸殊，自然視為兩筆資料。又如圖版 33-44a、33-44b 紋飾分見於保卣之提梁與圈足，兩紋飾皆屬筆者分類中的顧首型爬行龍紋，但兩紋飾背部裝飾略有差異，不應以一筆資料視之，故仍視為兩筆資料進行分析。

　　各部件分析，則依據其情況各自選用最簡要之圖表說解，故各部件分析之圖表形式或有不同，如目型之下各小類較簡，即以長條圖搭配說解即可，由該圖表中即可清楚看出各階段中不同類型之目型增減之情形；又如唇型之下的各小類較繁複，且又可歸納成幾個大項，如雙唇外卷中又可細分為雙唇上卷並有齒、雙唇上卷並有舌、雙唇外卷且下唇細小等小項，則先以長條圖表示各大項整體分布之概況，次以圓餅圖進一步做各小項細緻的比例分析，以利讀者掌握該部位於時代中較為詳細的運用狀況。

第一節　龍紋目型與龍首裝飾於各時代運用特色

一、目型的時代運用特色

　　龍紋目型共計有五小類，分別為圓形目、方形目、臣字形目、圓形目旁有線條（簡稱圓（臣）形目）、方形目旁有線條（簡稱方（臣）形目）等，加以部份紋飾目型不明確，故共計有六小類。於各時代運用狀況如表 5-1：

表 5-1：各時期目型分配比例表

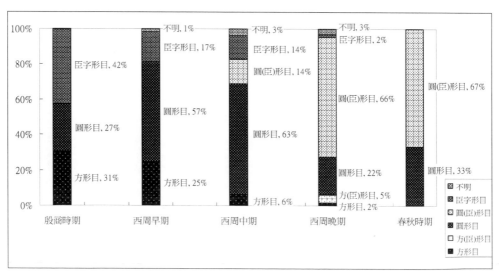

　　由上表中可明顯看出各式目型於時代中增減的狀態，以及不同時代中各類目型組成的不同。殷商時期有臣字形目、圓形目、方形目三種目型，以臣字形目比例最多（42%），方形目次之（31%），圓形目最少（27%），由數據中可見，雖以臣字形目略多，但三者比例差距不至過分懸殊，大致呈現三者鼎立的運用狀態；然由於臣字形目較圓形目、方形目等目型容易給予觀者一種嚴峻、神秘之感，亦由目型的運用中顯示出殷商時期紋飾風格的偏好。而此時則未見圓（臣）形目、方（臣）形目等類型，目型種類較為單純，則透露出紋飾發展初期時較為簡樸特色。

　　西周早期可見目型種類與殷商時期相同，但目型運用多寡的順序不同。以圓形目比例最高，佔整體比例 57%，方形目次之（25%），臣字形目最少（17%），後兩者約合佔四成，極少數的目型不明（1%），亦未見圓（臣）形目、方（臣）形目等類型；由圖表中可見西周早期於目型種類仍沿襲殷商時期的習慣，但各式目型運用比例已與殷商時期有明顯的不同，圓形目比例過半，為該時期運用大宗。如前所述，臣字形目較容易給人嚴峻、神秘的感覺，給予觀者難以親近之感，相較之下圓形目、方形目等目型較容易給予觀者平易、親近的特色；故由臣字形目至圓形目的轉變，除代表進入西周之後，紋飾運用逐步在摸索、發展不同於殷商的風格特色，亦透露出兩時期紋飾風格及其文化傾向的轉變。

　　西周中期運用比例的分配，大致延續西周早期的分配，並多加入圓（臣）形目一項。仍以圓形目比例最高（63%），亦約佔整體比例六成，臣字形目、圓（臣）形目次之，皆各佔 14%，方形目較前期急劇減少，僅餘 6%，後三者約共佔四成，仍有少數紋飾目型不明（3%）；雖較西周早期新增圓（臣）字形目一類，但仍未出現方（臣）形目。分配比例上，同以圓形目為主體，但比例更增，方形目比例大幅減少，而新增圓（臣）形目並佔有一定比例，顯示此一時期紋飾運用乃延續西周早期的結果更加發展，顯示出與殷商時期更不相同的紋飾比例組成。

　　西周晚期圓形目比例明顯減少，僅佔 22%，取而代之的為圓（臣）形目，達 66%，方形目、臣形目、方（臣）形目皆僅少量出現，分別佔 2%、2%、5%，亦有極少數紋飾目型不明確（3%），紋飾整體幾乎皆以圓（臣）形目與圓形目為目型，頗具獨占性；而圓（臣）形目的特徵介乎臣字形目與圓形目兩者之間，乃是在圓形目的基礎上，略加修飾，使目型略帶臣字形目的特徵，

又圓（臣）形目的運用與出現恰與臣字形目呈現相互消長的現象，故其出現與運用可視爲臣字形目的轉化。春秋時期紋飾全爲圓（臣）形目與圓形目，各佔 67% 與 33%，完全未見其他類型之目型，目型種類爲各時期中最爲單純的一個階段，且目型獨佔的特性又較西周晚期更爲明顯；顯示春秋時期目型運用已由殷商時期的摸索、西周時期的轉化，而趨於固定。

若以各類目型加以單獨分析，則可發現圓形目於各階段皆佔有一定比例，並以西周早期至西周中期爲運用的高峰，佔該時代紋飾過半比例；方形目以殷商時期較有所運用，西周之後數量遞減，春秋時期則未見；臣字形目主要出現於殷商時期，進入西周之後數量驟減，春秋時期亦未見；而圓（臣）形目則集中出現於西周中期之後，在此之前未見圓（臣）目的蹤跡，於西周晚期與春秋時期運用比例極高，皆佔該時期過半之比例，其出現與數量的增長恰與臣字形目的消長呈交替的現象；方（臣）形目則屬少數的運用，並僅出現於西周晚期，爲該時代紋飾的特色，有助於斷代、辨僞的判別。

要言之，龍紋目型運用有幾點特色。（一）圓形目可見時代跨度最長，整體運用範圍亦最廣，爲所有目型中最爲常見的目型；（二）圓（臣）形目出現於西周中期之後，其運用比例漸增，爲西周晚期與春秋時期最主要之目型，其運用比例則與臣字形目有相互消長的關係；（三）方（臣）形目僅見於西周晚期，可見時間極短，有利於斷代判別；（四）臣字形目與方形目春秋時期未見；（五）西周早期紋飾運用的狀態大致延續殷商時期的習慣，唯比例分配略有小幅改變，西周中期與晚期，紋飾種類增加，運用比例亦逐漸轉變，西周晚期時已與殷商至西周中期有大幅的差異，春秋時期則大致爲西周晚期的延續，而種類更加精簡。

二、龍首裝飾的時代運用特色

龍首裝飾可概分爲兩大類，分別爲角型與冠型，加以部份紋飾目型不明確，故共計有三大類。角型之下又可細分諸多小類，如瓶狀角、尖角、半環狀角、T 形角……等，冠型之下則有長冠、花冠兩類，由於細類甚多，於長條圖中不易表達，故另以圓餅圖做較爲詳盡的分析，而基本的角型、冠型於各時代運用狀況則如表 5-2 所示：

表 5-2：各時期龍首裝飾分配比例表

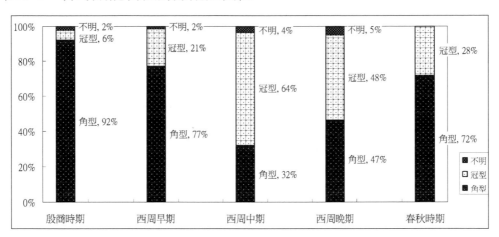

　　由表 5-2 中可見冠型與角型裝飾消長的情形，雖各階段多有一小部分紋飾龍首裝飾不明，但比例極少，未見超過 5%者。殷商時期可見冠型僅佔極少的比例，角型佔整體紋飾的九成之多，兩者比例極為懸殊；西周早期時冠型裝飾略有增長，但角型仍佔近八成，整體紋飾仍以角型裝飾為主；西周中期冠型裝飾佔六成多，為冠型裝飾運用之高峰，角型裝飾之運用則為各階段最低；西周晚期冠型與角型裝飾兩者比例相當，約各佔半數；春秋時期又以角型裝飾為多，與冠型裝飾分配的比例約為七比三。整體而言，龍首裝飾整體仍以角型為主體，於殷商時期、西周早期、春秋時期皆佔過半比例；西周以後冠型裝飾的比例較殷商時期有大幅度的增長，並於西周中期達到高峰，西周晚期之後又逐漸消退。以下再以圖表依序介紹各階段角型與冠型細項的分配比例。

表 5-3：殷商時期各式龍首裝飾分配比例表

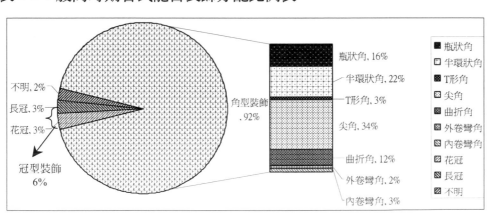

　　由表 5-3 中可清楚看出各角型與冠型細項之組成比例，在 92% 的角型裝飾中，以尖角比例最高，佔 34%，其次爲半環狀角、瓶狀角、曲折角等，分別佔有 22%、16%、12% 等比例，其餘角型比例皆少，僅佔 1～3% 的比例；長冠與花冠各佔 3%，另有 2% 的紋飾龍首裝飾型態不明確；換言之，殷商時期角型細項雖多，但以尖角比例最多，爲最主要的龍首裝飾型態，半環狀角、瓶狀角、曲折角等亦較爲常見，其餘角型與冠型裝飾則各佔極少的比例，呈現出種類多元、紛雜的現象。

表 5-4：西周早期各式龍首裝飾分配比例表

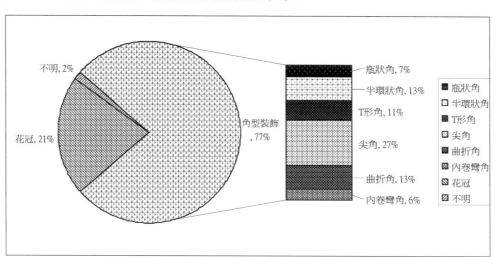

　　而由表 5-4 中可發現西周早期時各角型細項的分配與殷商時期略有差距，且角型與冠型的種類較爲簡化，部分細項消失，如長冠與外卷彎角。在分配比例上，角型裝飾方面順序略有變化，仍以尖角最多（27%），其次爲半環狀角與曲折角（皆 13%）、T 形角（11%），但可見瓶狀角比例降低（7%），僅高於內卷彎角一項（6%），T 形角運用比例上升，且各類角型分配比例不似殷商時期如此懸殊，在運用比例上較爲平均；冠型方面，僅花冠一類，未見長冠，且比例較殷商時期提升許多，增加了十九個百分點達 21%；仍有 2% 的紋飾龍首裝飾不明確。由表 5-3 與表 5-4 中可清楚看出殷商時期與西周早期各式龍首裝飾消長的改變，西周早期大致在殷商時期原有的基礎上發展，但較殷商時期漸趨統整，細項紛雜與運用比例懸殊的現象略減。

表 5-5：西周中期各式龍首裝飾分配比例表

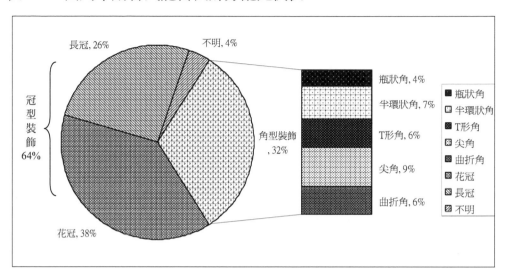

　　由表 5-5 可看出西周中期時龍首裝飾有明顯而劇烈的轉變，冠型裝飾運用比例大增，共佔 64%，成為西周中期主要的龍首裝飾型態；各式角型總和僅佔 32%，約與長冠、花冠單項所佔比例相同，顯示出西周中期與前期以角型為主要龍首裝飾明顯不同。各項分配比例上，龍首裝飾不明確的紋飾略增，達 4%；角型裝飾仍以尖角最多（9%），其次為半環狀角（7%）、T 形角與曲折角（皆 6%）、瓶狀角（4%），順序與西周早期大致相同，各式角型間比例亦較為接近，但各項比例皆大幅減少，未見超過 10% 者，與殷商、西周早期時單項即佔二十幾個百分比的現象大不相同，又減少內卷彎角一項，在細目上種類更少；冠型比例上則以花冠略多於長冠，分別為 38% 與 26%。整體而言，西周中期最主要的龍首裝飾為花冠，其次為長冠，接著為各式角型，而角型細項又較西周早期減少內卷彎角一項；與殷商時期、西周早期龍首裝飾不同的組成比例，顯現出西周中期龍首裝飾上的特色。而此現象的原因，筆者已於前文分析中提出，乃受到西周早中期流行之鳳鳥紋裝飾影響所致，因此顯現出與前後期紋飾極為不同的狀況。

表 5-6：西周晚期各式龍首裝飾分配比例表

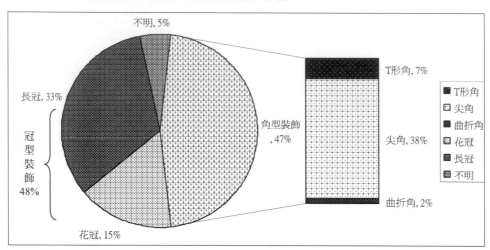

　　由表 5-6 可見西周晚期冠型裝飾略有減少，冠型與角型裝飾兩者比例約各半，分別為 48%、47%；角型細項更為減少，僅剩尖角、T 形角、曲折角三項，仍以尖角比例最高（38%），其次為 T 形角（7%）、曲折角（2%），角型各項比例又呈現出懸殊的差距；冠型方面，改以長冠比例較高，較西周中期增加七個百分點達 33%，花冠比例降低二十三個百分點，僅餘 15%，龍首裝飾不明確的紋飾略增，達 5%。整體而言，西周晚期雖角型與冠型的兩者比例相當，然以尖角比例最高，最為常見，其次為長冠、花冠，再其次為 T 形角、曲折角，各類型龍首裝飾分配比例有些微差距，與西周中期各項比例接近的狀態不同，且角型細項較前述各期更為減少。

表 5-7：春秋時期各式龍首裝飾分配比例表

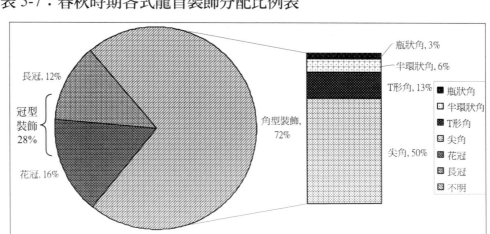

　　由表 5-7 可見春秋時期又改以角型裝飾比例較高，合計共 72%，冠型裝飾比例明顯較西周中期與晚期少，合計 28%，無龍首裝飾不明確者；角型仍以尖角比例最高，達 50%，其次爲 T 形角、半環狀角、瓶狀角，分別爲 13%、6%、3%，細項與西周晚期略有不同且多出一項，但仍較殷商時期、西周早期、西周中期等階段細項少；冠型裝飾又以花冠多於長冠，但整體比例皆較西周晚期少，長冠減少二十一個百分點，僅餘 12%，花冠則小幅增加一個百分點，佔 16%，但冠型裝飾整體較西周晚期減少二十個百分點。整體而言，春秋時期又恢復多以角型爲龍首裝飾的情況，仍以尖角比例最高，其次爲花冠、長冠、T 形角等，其餘角型則僅少量的運用。綜上所述，可發現春秋以前龍首裝飾類型漸減，比例差距亦逐步縮小，但春秋時期龍首裝飾類型又略增，主要裝飾與次要裝飾間比例差距又較西周時略增，顯示春秋時期龍首裝飾的紋飾運用狀態，較西周時期又略呈紛雜的狀態，而略具回復殷商時期的組成傾向。

　　若將各類龍首裝飾加以單獨分析，則可發現尖角運用最廣，除西周中期外，於各階段皆居運用比例之首；T 形角亦可見於各階段，但比例皆不高，至多佔十多個百分比；外卷彎角僅見於殷商時期，內卷彎角則僅見於殷商時期至西周早期，兩者可見年代皆頗爲短暫，較具時代特性，有助於辨僞、斷代的判斷；半環狀角與瓶狀角皆以殷商時期最多，西周以後呈整體數量遞減的狀態，而西周晚期更是未見半環狀角與瓶狀角的蹤跡；曲折角則見於殷商至西周時期，春秋時期未見，以殷商與西周早期運用比例較高，整體上大致呈現遞減的狀態。冠型裝飾方面則以花冠運用時代較長，可見於各時期，但以西周之後運用比例較高，西周中期時更居於所有龍首裝飾之首，獨佔 38%；長冠則僅不見於西周早期，但於其他時期皆有所運用，以西周中期與晚期運用數量最豐，西周晚期更爲其運用比例的高峰。

　　要言之，龍首裝飾運用有幾點特色。（一）整體而論，以尖角可見時代跨度最長，運用範圍亦最廣，爲最常見的角型；（二）外卷彎角與內卷彎角可見時間頗短，有助斷代辨僞的判斷；（三）角型與冠型裝飾間有相互消長的關係，西周晚期則爲兩者運用比例較爲平衡的時期，於此之前冠型運用漸增，於此之後則爲角型運用漸增；（四）冠型裝飾的流行及高峰與鳳鳥紋有極大關聯；（五）殷商至西周時期，各式龍首裝飾類型大致呈現越加精簡的狀態，而各式裝飾間運用比例之差距亦逐步縮小；但春秋時類型又略增，並各式裝飾運用比例差距又加大，再度呈現多元紛亂的特色。

第二節　龍紋唇型與龍紋身軀裝飾於各時代運用特色

一、唇型的時代運用特色

　　龍紋唇型可分為幾項，分別為唇型正面（簡稱正面）、口部如鬚、上唇上卷且下唇倒 T、上唇上卷無下唇、上唇上卷舌下卷、雙唇平直、雙唇內卷、雙唇外卷、雙唇上卷等，加以部份紋飾目型不明確，故共計有十類。雖細項紛雜，但整體而言以雙唇外卷與雙唇上卷運用最豐，其他唇型則多為少量的運用，各類唇型於各時代運用狀況則如表 5-8 所示：

表 5-8：各時期唇型分配比例表

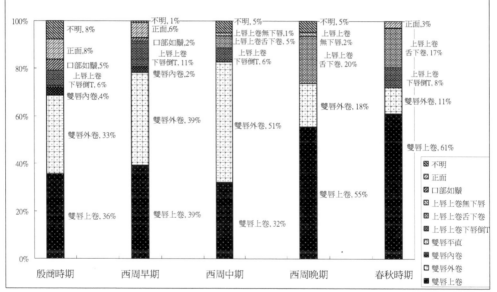

　　由表 5-8 可見殷商時期唇型種類最多，含紋飾不明確者共有七項，且各項皆佔一定比例，除雙唇內卷僅 4% 之外，其餘各項至少皆佔 5% 以上，此時期雙唇外卷與雙唇上卷者所佔比例亦是所有時期中最少的，顯示出殷商時期紋飾尚處於摸索發展的階段，各類型的唇型皆有各自發展的空間。西周早期時唇型細項含紋飾不明確者亦達七種，且各細項種類皆相同，但由數據中可見與殷商時期組成的型態不同；西周時期雙唇外卷與雙唇上卷兩者整體比例增加，其餘唇型整體合計所佔比例減少；雖上唇上卷下唇倒 T 一項比例較殷商時期增加，然其餘各項皆為比例下降的現象，顯示出西周早期時紋飾喜好的

趨勢逐漸明朗，各式唇型呈現逐步統合的現象，紛雜多元的現象逐漸減緩。西周中期時，唇型種類（含不明者）較前期減少一項，雙唇外卷與雙唇上卷整體比例亦上升五的百分點，但雙唇外卷所佔比例增加，雙唇上卷一項所佔比例反呈下降，爲所佔比例最少的階段，其餘唇型種類減少，所佔比例亦不高，約 5～6%，皆爲零星的運用，顯示西周中期唇型種類有一者獨霸的傾向，雙唇外卷單項即佔 51%，屬該時期紋飾運用的特色。西周晚期唇型各細項種類更少，組成比例亦有些不同；以上唇上卷舌下卷、雙唇外卷、雙唇上卷三者比例最高，雙唇上卷佔 55%，爲此時期最主要的唇型形態，上唇上卷舌下卷佔 20%，雙唇外卷佔 18%，前者數量較西周中期增加十五個百分點，顯示出上唇上卷舌下卷在西周晚期的崛起，其運用的比例甚至超越常居前二首之內的雙唇外卷，顯現出西周晚期唇型運用獨特性；又其餘唇型合計僅佔 7%，整體唇型種類減少等特徵，亦反映出西周晚期唇型發展的統整趨勢。春秋時期唇型細項數量與西周晚期相同，含不明確者皆有五項，但種類與組成情況不同，此時雙唇上卷佔 61%，其他依次爲上唇上卷舌下卷（17%）、雙唇外卷（11%）、上唇上卷下唇倒 T（8%）；上唇上卷舌下卷一類延續西周晚期的情況，運用比例亦超越雙唇外卷一項，顯示上唇上卷舌下卷一類於西周晚期之後運用的突起；整體而論，春秋時期仍延續西周中期以來唇型種類逐漸統合的趨勢，雙唇上卷一項更在此時期達運用的高峰，爲各階段運用比例最高，且其他各細項運用亦皆佔有一定比例。

　　宏觀整體，可發現唇型類型大致以雙唇外卷與雙唇上卷兩者所佔比例最高，兩者合佔各時期唇型比例至少六成以上，雙唇外卷在西周晚期前呈現略加增長的趨勢，西周晚期至春秋時期則使用比例逐漸減少；雙唇上卷則大致呈現出漸增的趨勢，西周晚期以後更獨佔該時期運用比例的半數之上。其他唇型則多僅見於某一階段，如口部如鬚、雙唇內卷兩者僅見於殷商時期與西周早期；唇型正面、上唇上卷下唇倒 T 則見於殷商時期至西周早期，西周中期與晚期未見，春秋時期又出現；上唇上卷無下唇僅見於西周中期至晚期；上唇上卷舌下卷者則見於西周中期之後，直至春秋時期皆可見。在組成類型方面，殷商時期與西周早期各細項皆相同，西周中期之後各階段皆略有差異，顯示出西周早期與殷商時期紋飾運用習慣的延續，以及西周中期之後紋飾運用呈現出另一個不同的面向與階段，但春秋時期又可見部份殷商時期、西周早期的唇型種類，似與該時期社會變動的風氣有關。

　　綜上所述，唇型裝飾於各時期的運用特點有：（一）唇型種類整體越加減少，於各階段組成比例差異，由前述分析中可知大致呈現出越加統整的現象；（二）雙唇上卷除西周中期之外，佔各時期運用比例最高，整體運用比例最高；（三）雙唇外卷於西周晚期之後比例偏少，上唇上卷舌下卷則於西周晚期至春秋時期運用比例增加，兩者間略具相互消長的關係。

二、身軀裝飾的時代特色

　　龍紋身軀裝飾可概分為兩大類，分別為裝飾簡略與裝飾繁複，加以部份紋飾身軀裝飾不明確，故共計有三大類。裝飾簡略之下又可細分諸多小類，如身軀沿棱脊留白裝飾（分析類別中簡稱「棱脊留白」）、身軀以線條裝飾（分析類別中簡稱「線條」）、身軀以粗黑線表示（分析類別中簡稱「粗黑線」）、身軀以輪廓狀表示（分析類別中簡稱「輪廓狀」）等，裝飾繁複之下則有菱格紋、雲雷紋、鱗紋三類，由於細類甚多，於長條圖中不易表達，故另以圓餅圖做較為詳盡的分析，而基本的裝飾簡略與裝飾繁複於各時代運用狀況則如表 5-9 所示：

表 5-9：各時期身軀裝飾分配比例表

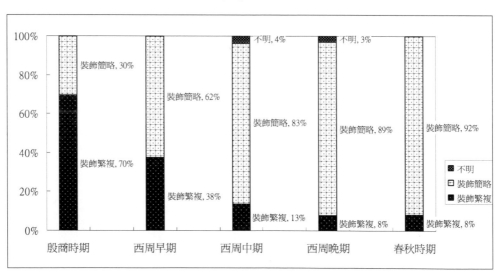

　　由表 5-9 中可見僅西周中期與晚期有極少數紋飾裝飾形式不明確，其餘時期身軀裝飾皆明確可辨。整體而言，殷商時期乃至春秋時期，裝飾簡略者比例逐步增加，由殷商時期的 30%，西周早期 62%，西周中期 83%，西周晚期

89%，至春秋時期甚至佔 92%，春秋時期較殷商時期足足增加六十二個百分點，其漲幅明顯可見；相反的，殷商時期裝飾繁複佔 70%，西周早期 38%，西周中期 13%，至西周晚期與春秋時期時僅佔 8%，較殷商時期下降五十八個百分點，裝飾繁簡間相互消長的情況明顯。由此可知身軀紋飾整體乃朝著裝飾越加簡單的趨勢發展，而此趨勢進入西周後即具明顯的顯露，西周早期時裝飾較簡者已佔 62%，比例過半，西周中期之後更是至少佔該時期八成比例以上，另一方面亦透露出西周以後與殷商時期身軀紋飾喜好的差異。以下再以圖表依序介紹各階段身軀裝飾的細項分配比例。

表 5-10：殷商時期各式身軀裝飾分配比例表

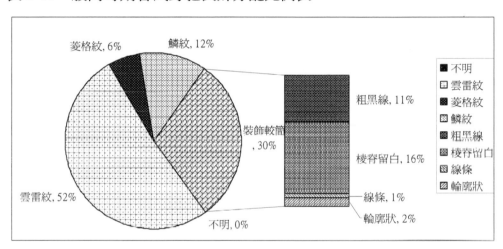

從表 5-10 的數據中可明顯看出，殷商時期最主要的身軀紋飾裝飾為雲雷紋，單項即佔 52%，其次為棱脊留白（16%）、鱗紋（12%）、粗黑線（11%）、菱格紋（6%），其餘形式如以線條或輪廓狀裝飾僅佔 1～2%，可說是偶見。而由上述身軀裝飾分配的比例中可看出，雖以裝飾較繁者合計比例較高，但若以各細項比例觀之，則反以屬裝飾較簡的棱脊留白僅次於雲雷紋之後，顯示殷商時期時身軀裝飾較簡的項目已有一定程度的發展，更奠基西周時期之後身軀紋飾發展項目與方向。在各細項的運用上，多數項目多可見於其他時期，唯菱格紋僅出現於此一時期，進入西周之後則未見菱格紋的運用，具有時代的特性，對於辨偽與斷代的判斷來說，菱格紋是一個良好的指標；凡有龍紋以菱格紋裝飾者，則可大膽推斷屬殷商時期之紋飾。

表 5-11：西周早期各式身軀裝飾分配比例表

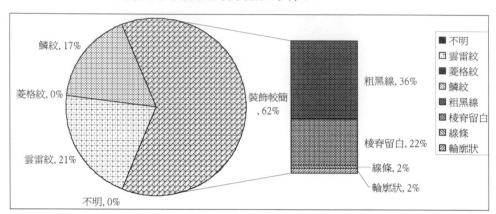

在表 5-11 中可見西周早期時身軀裝飾組成項目除菱格紋之外，皆與殷商時期相同，顯示西周早期時紋飾運用仍受到殷商時期習慣的影響；裝飾較簡與裝飾較繁兩者比例形態改變，裝飾較簡者整體佔 62%，較裝飾較繁者的 38%高出許多，呈現出與殷商時期以裝飾較繁者為主的比例分配不同。在各細項運用比例上，以粗黑線最多，佔 36%，其次分別為棱脊留白（22%）、雲雷紋（21%）、鱗紋（17%），線條與輪廓狀則皆佔 2%。由上述比例分配中可知，雲雷紋的運用大幅減少，共計減少三十一個百分點，但鱗紋細項比例反而增加五個百分點，然整體而言，雲雷紋的運用仍多於鱗紋，且裝飾較繁者整體比例仍屬下降；裝飾較簡者仍以棱脊留白與粗黑線為主，線條與輪廓狀僅少數運用，然與其他時期相較，僅西周早期粗黑線比例超越棱脊留白，頗為特殊，為西周早期身軀紋飾運用的一個特點，與其他時期有明顯的區隔。

表 5-12：西周中期各式身軀裝飾分配比例表

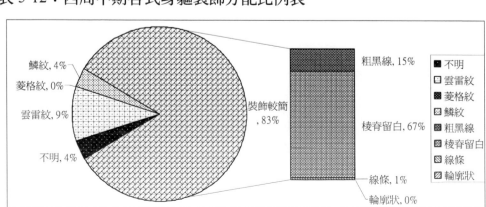

　　表 5-12 可見西周中期時，身軀裝飾的項目大致與西周早期相同，但無輪廓狀一類，且有少數紋飾身軀裝飾形式不明確，佔 4%；整體比例上，仍以裝飾較簡者為多，較西周早期增加二十一個百分點，裝飾較繁者僅餘 14%，較西周早期大幅減少二十五個百分點。在各細項比例上，以棱脊留白最多，單項即佔 67%，為西周中期最主要的身軀裝飾形式，其餘分別為粗黑線（14%）、雲雷紋（9%）、鱗紋（4%），線條則僅 1%。由上述分配比例可知裝飾較繁者運用比例大幅減少，各單項皆未超過 10%，與殷商時期、西周早期的分配比例大不相同；而此比例組成的狀態於後亦大致相同，顯現西周中期以後紋飾運用的轉變，呈現出與殷商時期、西周早期不同的風貌。

表 5-13：西周晚期各式身軀裝飾分配比例表

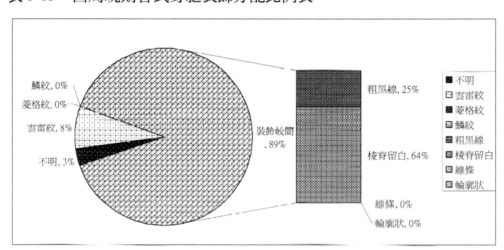

　　表 5-13 中可見西周晚期時，身軀裝飾細項更簡，較西周中期減少線條與鱗紋兩類，仍有部分紋飾形式不明，佔 3%；整體比例上，裝飾較簡者比例較西周中期增加六個百分點，達 89%，裝飾較繁者僅餘雲雷紋一項，佔 8%，較西周中期減少五個百分點。由上述分析中可知西周中期與西周晚期紋飾組成比例變動的幅度不大，僅小幅調整。各細項比例上，仍以棱脊留白比例最高，達 64%，其次為粗黑線（25%）、再其次為雲雷紋（8%）。整體而言，西周晚期的紋飾類別少，又各單項比例差距頗大，呈現出較為統整單一的樣貌。

表 5-14：春秋時期各式身軀裝飾分配比例表

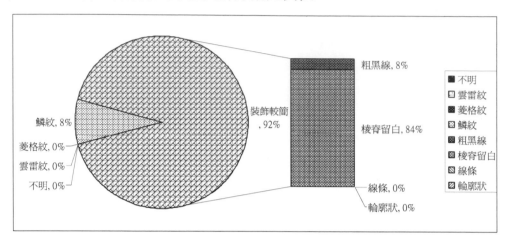

　　表 5-14 中可見春秋時期身軀裝飾細項與西周晚期相同，但無紋飾形式不明者，爲各時期身軀紋飾種類最少者；整體比例而言，身軀裝飾較簡者合計達 92%，裝飾較繁者亦僅佔 8%，但僅鱗紋一項，與西周晚期僅雲雷紋一項不同。各項比例上，仍以棱脊留白最高，達 84%，粗黑線與鱗紋皆各佔 8%。由上述比例分配中可看出，春秋時期幾乎以棱脊留白爲身軀裝飾形式，其餘類型僅少量運用，較西周晚期或其他時期，紋飾類型更具統整單一的傾向。綜上所述，由殷商乃至春秋時期，身軀裝飾不僅是裝飾較簡比例增加，在細項種類上亦呈現出逐步減少的狀況，無論在整體比例或細項上，皆呈現出化繁爲簡的趨勢。

　　若將各式身軀裝飾單獨分析，除前已提及菱格紋僅見於殷商時期外，輪廓狀亦具有所見時代亦較爲短暫的特色，僅見於殷商時期與西周早期；線條裝飾則見於殷商時期至西周中期，上述三者所見時代皆較具侷限性，對於斷代判斷的幫助較大。雲雷紋除春秋時期外，於各時期皆有運用，但以殷商時期爲其運用的高峰，西周之後則驟減；鱗紋則除西周晚期外，亦多見於各時期，以殷商時期與西周早期運用比例較高；棱脊留白與粗黑線則皆可見於各階段，兩者於西周之後運用比例大增，然除西周早期以粗黑線比例高於棱脊留白外，其餘階段皆以棱脊留白比例較高，顯示出西周早期運用上的特色。

　　整體而論，身軀裝飾運用的特點有：（一）西周時期之後身軀紋飾較簡者即佔身軀紋飾的主要型態，而殷商時期至春秋時期，不論是整體比例或細項種類上皆呈現越加簡單的趨勢；（二）菱格紋、輪廓狀、線條裝飾三類，可見

時代較爲短暫，有助於斷代的判斷；（三）雲雷紋、鱗紋、棱脊留白、粗黑線
等則多可見於各時期，但組成比例各有其特色，仍可見各時期紋飾運用不同
的風貌。

第三節　龍紋足型與龍紋尾型於各時代運用特色

一、足型的時代運用特色

龍紋足型較爲單純，細項共計有五類，分別爲一足、二足、四足、多足、
無足等，加以部份紋飾足型不明確，故共計有六小類。於各時代運用狀況如
表 5-15：

表 5-15：各時期足型分配比例表

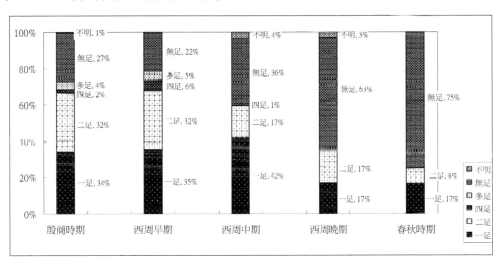

由表 5-15 的數據中可見，僅西周中期與西周晚期有部分紋飾形式不明
確，分別佔 4%、3%，其他階段之紋飾皆有明確的足型可供分析。殷商時期足
型主要有三，分別爲一足、二足、無足，三者各佔 34%、32%、27%，四足與
多足則僅少量的運用，分佔 2%、4%；西周早期一足與二足的比例較殷商時期
變動不大，分別爲 35%、32%，但無足比例略減且四足、多足比例略升，無足
佔 22%，四足佔 6%、多足佔 5%；西周中期時一足比例仍有小幅增加爲 42%，
無足者則增加十四個百分點達 36%，二足比例下降爲 17%，四足僅餘 1%，未
見多足者；西周晚期足型種類較西周中期更加減少，僅餘一足、二足、無足

三者，但仍有少數紋飾足型不明確，此階段無足比例遞增二十七個百分點，共佔 63%，一足與二足各佔 17%；春秋時期足型種類與西周晚期相同，但無足型不明者，無足仍運用最廣，佔 75%，一足比例持平，二足比例皆略微下降，佔 8%。

由以上數據中可看出，殷商時期與西周早期足型運用的組成較爲接近，皆以一足爲首，二足次之，無足者雖仍有一定比例之運用，但位於第三，整體數量仍有限；然西周中期開始，足型種類逐漸減少，無足者比例漸增，一足仍爲運用比例之首，且較西周早期比例更高，但一足與二足整體比例下降，尤其是二足者比例下降較一足者更加明顯。整體而言，西周中期開始呈現出與殷商、西周早期不同的組成比例，呈現過渡、變動的狀態。西周晚期時，足型種類更少，無足比例大增，運用比例佔該時期六成多，一足與二足運用比例驟減，其發展大致承接西周中期方向。春秋時期足型種類與西周晚期相同，仍以無足比例最高，並較西周晚期更加成長，佔七成五的比例，一足與二足比例仍爲縮減的狀態。由殷商至春秋，足型種類逐漸減少，運用比例的組成亦由一足、二足、無足三者鼎立的狀態，逐漸轉變爲無足佔運用大宗，而足部形象的省略，可視爲紋飾單純、簡化的表現；換言之，商周時期龍紋足部形式不僅在足部種類上呈現精簡的狀態，在紋飾的運用上亦呈現出簡化的傾向。

若以各足型單獨分析，一足、二足、四足其細部形態又略有差異，有做彎勾狀、拳狀、爪狀、T 形、刀狀、戟形等，其各自的運用比例詳見表 5-16，由於部份紋飾數量極少，僅佔零點多的百分比，爲求較完整的呈述，故取至小數第二位，其中以「－」表示該階段無運用，爲 0%；由於彎勾狀最爲常見，故未以括號另行標名者，即爲彎勾狀。至於多足的形式則較爲單一，皆爲彎勾狀，其數據參酌表 5-15 即可，故於下不再另列數據；無足、不明亦同。

表 5-16：各階段一足、二足、四足細項比例表

時	一足	一足(T)	一足(爪)	一足(拳)	一足(戟)	二足	二足(刀)	二足(爪)	四足	四足(爪)
殷商時期	14.63%	0.49%	6.83%	12.20%	－	31.22%	－	0.98%	1.46%	0.49%
西周早期	10.00%	－	22.31%	3.08%	－	31.54%	－	0.77%	5.38%	0.77%

西周中期	6.17%	—	30.86%	—	4.94%	16.05%	1.23%	—	1.23%	—
西周晚期	4.62%	—	7.69%	—	4.62%	13.85%	3.08%	—	—	—
春秋時期	11.11%	—	5.56%	—		5.56%	2.78%	—	—	—

　　一足者細項最多，有彎勾狀、T形、爪狀、拳狀、戟形等形式，由表 5-16
中明顯可見以彎勾狀與爪狀可見時代最廣，橫跨殷商至春秋時期皆有運用；T
形、拳狀、戟形則運用上皆僅見於某一階段，如 T 形僅見於殷商時期，拳狀
僅見於殷商時期與西周早期，戟形僅見於西周中期與晚期，雖然上述三種運
用數量較少，但由於具有時代的侷限性，反而形成該時期的紋飾特色，有助
於斷代的推測。由一足各細項的數據中，可看出殷商時期以彎勾狀與拳狀較
多，分別為 14.63% 與 12.20%，爪狀則約為其半數，為 6.83%。雖由表 5-15
中顯示殷商與西周早期整體組成比例相近，但由表 5-16 中則明顯可見其細部
組成形態與殷商時期不同，西周早期主要為爪狀足（22.31%），彎勾狀次之
（10%），拳狀足比例僅於 3.08%。西周中期與晚期皆主要以爪狀足為主，但
西周晚期之後其比例大幅下降 23.17%，兩階段的運用仍有所差距；此時期並
興起戟形足一類，彎勾狀足多居次位。春秋晚期僅見彎勾狀足與爪狀足二類，
此階段彎勾足運用比例又多過爪狀足，與殷商時期較為接近。

　　二足者細項較少，僅彎勾狀足、爪狀足、刀狀足三者，但刀狀足於一足
者未見此種形式，較為特殊。整體而言，以彎勾狀足運用時代較廣，殷商至
春秋時期皆可見；爪狀足僅見於殷商與西周早期，刀狀足僅見於西周中期至
春秋時期，兩者可見年代皆有侷限，且不相互重疊，亦對於斷代判斷有所助
益。運用比例上，皆以彎勾狀足為多，爪狀足或刀狀足其次，顯示出二足者
運用的情形較為單純，未若一足者於各時期主要類型多有所變動。四足者細
項更少，僅彎勾狀足與爪狀足二類，且四足者至多見於西周中期，西周晚期
之後則未見龍紋具四足者。彎勾狀足見於殷商至西周中期，爪狀足見於殷商
至西周早期；彎勾狀足不僅是年代運用較長，在比例上也較爪狀足為多。

　　無足者與多足者由於僅單一形式，故未做各細項分析，然於筆者統計資
料中，多足者僅見於殷墟晚期至西周早期，可見年代極為短暫，為斷代、辨
偽的判斷提供良好的辨別指標。無足者則可見於殷商至春秋各階段，除西周
早期較殷商時期小幅減少外，整體仍呈現逐步增加的狀態，由表 5-15 中即可
明顯看出其發展的趨勢；由於無足者比例較多，可見年代又長，故較難單以

「無足」此一特點進行斷代的判斷，必須搭配其他紋飾特徵加以分析，對於斷代的直接幫助較小。

　　整體而言，龍紋足型運用的特點有：（一）西周中期開始足部類別的組成比例有較為明顯改變，呈現出過渡的特色；（二）由殷商至春秋，足型種類逐漸減少，比例亦顯露出無足者獨大的趨勢，不論在類別與足部形象上，皆呈現出簡化的傾向；（三）一足（T）、一足（拳）、一足（戟）、二足（刀）、二足（爪）、四足、四足（爪）、多足等形式，可見時代較為短暫，有助於斷代的判斷；（四）一足者於各時期主要的細項仍有差異，從中可了解各時期紋飾運用不同的風貌。

二、尾型的時代運用特色

　　龍紋尾型較為多元，可概分為數項，分別為雙尾、下卷、下垂、下垂並拖曳、上卷、上翹、分歧、平直、平直末端下垂（以「平直（下垂）」表示）、平直末端上翹（以「平直（上翹）」表示）、盤卷、直豎、彎勾等形式，其形態詳參表 5-17。

表 5-17：各式尾型圖例一覽表

下卷	上卷	上翹	直豎
平直（上翹）	平直（下垂）	下垂	下垂（拖曳）
彎勾	平直	盤卷	分歧

　　雙尾即雙身龍紋，由於一圖中具有兩尾，故稱其爲雙尾，其尾部末端皆做上卷狀，故未另列圖例說明，但仍另分一項做分析。分歧一項較爲特別，於筆者搜集資料中僅見一例，爲彩照，故無拓本可供參考，由彩照中可見其尾部狀如「r」。另外需要說明的是，下垂並拖曳一項其尾部末端亦呈分歧狀，但由於其兼具多項特色，且其下垂並拖曳的形態較爲明顯，故與分歧一項分做討論。也因此分歧尾型雖於筆者蒐集的資料中僅見一例，但由於與下垂並拖曳一項中亦見分歧的特色，故分歧尾型的出現，或可視爲紋飾發展過程所顯現的線索，仍具有參考價值。除上述諸項外，亦有少數紋飾尾型不明確無法判別，尾型各細項於各時代運用狀況則則如表 5-18 所示：

表 5-18：各時期尾型分配比例表

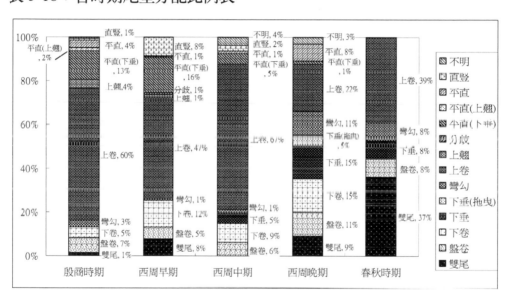

　　由表 5-18 中可見殷商時期尾型種類有十項，以上卷比例最高，獨佔 60%，爲殷商時期最主要的尾型，其次分別爲平直且末端下垂（13%）、盤卷（7%）、下卷（5%）、平直與上翹（皆佔 4%）、彎勾（3%）、平直且末端上翹（2%）、直豎與雙尾（1%）。由以上數據可發現，除上卷之外，其餘各項尾型比例皆不高，但種類繁多，整體運用多元紛雜，呈現出摸索的現象。

　　西周早期尾型種類亦有十項，但種類略有不同，少去平直且末端上翹一項，改爲分歧一項；仍以上卷比例最高，佔 47%，比例較殷商時期略爲下降，但仍爲該時期最主要之尾型。其次分別爲平直且末端下垂（16%）、下卷

（12%）、直豎與雙尾（各佔 8%）、盤卷（5%），其餘平直、分歧、上翹、彎勾等項皆僅佔1%。各細項運用順序與殷商時期有些許改變，除一二位之外，其餘皆有變化，直豎與雙尾由最末位提升至第四位，平直、分歧、上翹、彎勾等下滑至末位，下卷與盤卷兩者順序互換。西周早期時，雖種類細項仍頗為紛雜，但由數據的變化可知除上卷之外的其他細項，比例略微上升，顯示殷商時期時各式尾型經過嘗試的階段，多數於西周早期時得到較多的運用；而其運用順序的改變，亦顯示出兩時期運用偏好的差異。

西周中期尾型種類略減，含尾型不明者共有九項，實際可供分析的尾型僅八項；此時期仍以上卷運用比例最高，佔 67%，除為本時期最常見的運用外，亦較其他各時期比例為高，可說是上卷尾型運用的高峰階段。其次為下卷（9%）、盤卷（6%）、下垂與平直且末端下垂（各佔 5%）、直豎（2%）、平直與彎勾（1%）。西周中期各形式尾型的運用比例分配，與殷商時期較為接近，皆屬以上卷佔多數，其餘各式尾型比例偏少，整體亦呈現出多元而紛雜的現象；兩時期皆呈現出摸索的狀態，但西周中期的摸索，乃是對於殷商至西周紋飾風格變化的摸索，為時代轉化的摸索，與殷商時期紋飾發展之初的摸索是略有差異的。

西周晚期時尾型種類更減，含尾型不明者共有八項，實際可供分析的尾型僅七項；此時期仍以上卷運用比例最高，但僅佔 22%，較西周中期下降了四十五的百分點，其他各式尾型比例明顯上升。下卷與下垂各佔 15%，僅略少於上卷尾型；彎勾與盤卷次之，各佔 11%，雙尾佔 9%，平直佔 8%，尾部下垂並拖曳佔 5%，平直且末端下垂佔 1%。西周晚期尾型數量仍多，但運用比例的狀態與其他階段差異極大，各式尾型皆佔有一席之地，整體呈現百家爭鳴的狀態；顯示該時期紋飾喜好不再以單一為多，而為較多元平均的運用。

春秋時期尾型種類皆少於各階段，為種類最少的時期，僅餘五項尾型；此時期仍以上卷比例最高，佔 39%，但其他尾型運用比例差距拉近，呈現較為平均的運用。次高比例的雙尾型佔 37%，其次為彎勾、下垂、盤卷，皆各佔 8%；由上述數據中，可看出春秋時期主要的尾型有上卷、雙尾兩項，兩者合佔該時期近八成。尾型運用的項目與分配較為精簡而整合，雖以上卷與雙尾兩項為多，但與殷商時期、西周早期分配比例懸殊，細項又多的狀態，顯示出較為精要統整的狀態。

　　由上述分析可明確看出各時期皆以尾部上卷居多，其次之類型則各時代皆略有不同。於殷商時期至春秋時期皆可見的尾型，除上卷型之外，尚有下卷、盤卷、彎勾等，由上述分析中可見此三者比例皆不算太高，即便是運用較多的西周晚期，運用比例最高的下卷尾型僅達 15%，比例較少者如西周早期與西周中期的彎勾尾型，則僅佔 1% 而已，顯示此三者歷時性雖長，但屬於少量、次要的運用。而斷代特徵較明顯的尾型有：下垂型，僅見於西周中期至春秋時期；下垂並拖曳，僅見於西周晚期，分歧尾型僅見於西周早期。由表 5-17 可見此下垂型與下垂並拖曳兩者特徵較為接近，故下垂並拖曳一項，可視為下垂尾型於西周晚期產生的變化；而其尾端分歧的特色，極可能受到分歧尾型的影響與啟發，於西周早期或已預留伏筆，於西周晚期時乃結合下垂、分歧等特色，而展露出獨樹一格的尾型特徵。另外，上翹尾型僅見於殷墟中期至西周早期，平直且末端上翹僅見於殷墟時期，直豎尾型見於殷墟晚期至西周中晚期，雙尾型則僅於西周中期未見，平直尾型見於殷墟早期至西周晚期，平直且末端下垂見於殷墟中期至西周晚期〔註1〕；上述各式尾型皆可見於某一階段，雖或長或短，但皆為斷代分期的判斷提供資料與線索，尤其是可見時代較為短暫的分歧尾型、平直且末端上翹尾型、下垂並拖曳尾型等更是良好的斷代參考。

　　整體而言，龍紋尾型運用的特點有：（一）由殷商至春秋，各時期皆以上卷尾型所佔比例最高，為最常見也最主要的尾型形式；（二）殷商時期與西周中期尾型運用的組成比例較為接近，但呈現出不同意義的摸索現象；（三）西周早期的運用組成比例介乎殷商時期與西周中期間，呈現過渡、擺盪的現象；（四）西周晚期與春秋時期的運用比例分配則呈現較為統整的傾向；（五）尾型各細項發展，整體呈現越加精簡而統整的狀態；（六）分歧尾型、平直且末端上翹尾型、下垂並拖曳尾型等形式可見時間極為侷限，有助於斷代的判斷。

第四節　龍紋背部裝飾於各時代運用特色

　　龍紋背部裝飾可概分為短翼、長翼、短翼與長翼兼具（以「短翼＆長翼」

〔註1〕　由筆者所統計的資料中可見各式尾型較為細緻的時間分期，如上翹尾型最早見於殷墟中期、直豎尾型始見於殷墟晚期等，但由於圖表統計的侷限，故無法顯示更為細緻的時間分期，僅於文中另作說明。

表示)、列旗、背鰭、短鰭、鬚、無裝飾(以「無」表示)等,各式形態可參看表 5-19「各式背部裝飾圖例一覽表」。

表 5-19:各式背部裝飾圖例一覽表

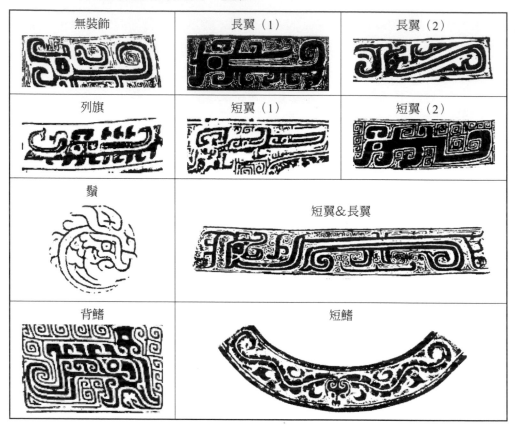

短翼主要為單個豎立彎勾狀的背飾,數量不固定,有單個或雙個,與長翼共存時或做「卜」字狀,而非彎勾;長翼主要呈現翎羽狀,以長翼(1)的形式較為常見,長翼(2)乃於長翼(1)的基礎上略加變形,整體呈現三角形的外觀,但特徵上仍與長翼(1)相似;列旗係指背部成列「卜」字形的豎羽,習稱列旗,與背鰭為成列的彎勾不同;背鰭由兩兩成對相背組合成列的短彎勾組成,狀似魚的背鰭,雖與列旗皆為成列的背部裝飾,但由於特徵具有明顯差異,故另命名以茲區別;短鰭則為兩兩成對相背的彎勾,運用時各組短鰭間距離較大,不如背鰭緊密相連;鬚乃指背部鬚狀的線條裝飾,線條亦略呈彎曲狀,或許為背鰭或短鰭的簡化;無裝飾則指背部完全未見任何上述裝飾者。除上述諸類背部裝飾外,加以部份紋飾背部裝飾不明確,分析類

別共計有九項,而各式背部裝飾於各時代運用狀況則見表 5-20:

表 5-20:各時期背部裝飾分配比例表

　　縱觀殷商至春秋時期,背部裝飾以背部無裝飾及長翼兩種裝飾可見於各階段,其餘背部裝飾形態則可見時間具有侷限性,僅見於某一時期或某一階段,時間跨度未如無裝飾及長翼兩者長。

　　殷商時期背部裝飾共有五種形式,分別為無裝飾、背鰭、列旗、長翼、短翼,以無裝飾比例最高,佔 71%,為殷商時期主要的背部裝飾形式,其餘裝飾形式則各佔 6～9% 之間,比例不算太高,僅少量的運用。此時期背部裝飾形式數量不算太多,且多為往後時代中常見的基礎形式。

　　西周早期背部裝飾種類較殷商時期增加鬚、短鰭、短翼與長翼三種,然以無裝飾比例最高,佔 51%,其次為長翼(23%)、列鰭(10%),其他裝飾如鬚、短鰭、背鰭、短翼&長翼、短翼等僅極少比例,至多僅佔 5%。比例分配與殷商時期差異頗大,無裝飾比例縮減二十個百分點,其他裝飾種類增多,部分裝飾比例上升,部分裝飾比例下降,逐步突顯出紋飾運用傾向;長翼比例增加十六個百分點,增加比例最多,不但突顯出長翼裝飾於西周早期的成長,也為其於西周中期的運用現象奠基。

　　西周中期背部裝飾種類與西周早期相同,皆為八項,但由於有 4% 的紋飾背部裝飾形式不明,實際可供分析的僅七項,其種類細項與西周早期略有

變化，背鰭一項消失，其他種類則與西周早期相同，但所佔比例不同。除西周中期之外，皆以無裝飾所佔比例最高，唯此時期以長翼比例最高，佔60%，較西周早期上升三十七的百分點；無裝飾則較西周早期下降三十一個百分點，僅餘 20%；其次爲列旗（8%），其他裝飾如鬚、短鰭、短翼＆長翼、短翼等僅極少比例，至多僅佔4%。由上列數據中可看出，無裝飾背飾與長翼間消長的關係，大致而言，西周中期前無裝飾比例逐漸下降，長翼則運用比例上升；整體運用上，仍以某一裝飾形式爲主體，其他裝飾的比例並不高。

西周晚期時有 3% 的紋飾背部裝飾不明，可供分析的僅無裝飾、短鰭、長翼、短翼等四項。西周晚期又以無裝飾比例最高，佔 69%，其次爲長翼，佔24%，短鰭與短翼則各佔 2%；春秋晚期則紋飾種類更減，僅無裝飾與長翼兩項，前者佔 78%，後者佔 22%。由上述數據中可看出，西周晚期之後背部裝飾種類遞減，春秋時期則僅於無裝飾、長翼兩樣；比例方面，無裝飾比例又逐漸上升，長翼仍佔第二位，雖仍以無裝飾爲主體，但由於其他細項減少，故長翼仍佔一定比例，整體運用不若西周中期以前那樣紛雜多元，較趨於統整。

整體而言，殷商時期由於紋飾屬發展之初，細項種類不多，且多爲基本形式，除無裝飾之外，其他形式之背飾運用比例分配相當，呈現出各自發展摸索的狀態；西周早期則種類繁多，各式背飾運用比例略有懸殊，紋飾偏好逐步顯露，如長翼比例增加最多，西周中期更成爲該時期主要紋飾，即便西周晚期、春秋時期比例不如無裝飾，但仍佔有一定比例；西周中期紋飾運用最爲特別，以長翼比例最高，由第五章的分析中亦可看出西周中期冠型裝飾所佔比例極高，長翼與冠型的特徵皆可見於鳳鳥紋，故其比例的上升皆與鳳鳥紋的流行關聯極大；西周晚期開始紋飾種類又逐步減少，乃紋飾發展之後又趨於簡化的表現，且紋飾比例亦以前兩樣爲多，其他細項則僅極少比例的運用，可視爲偶見的零星運用。大致西周中期爲背部裝飾發展的分界點，西周中期以前紋飾種類漸多，由運用比例的改變可見主要背飾形式的顯露，西周中期紋飾比例則受到鳳鳥紋影響，其分配狀態皆不同於其他時期，西周晚期以後紋飾種類又漸減，主要運用形式則承接過往，仍以無裝飾、長翼爲主，但由於少見其他形式之背部裝飾，故整體運用狀況較其他階段精簡統整。

　　若將各式背部裝飾加以單獨分析，以無裝飾與長翼兩者可見於各時期，時代跨度最長，主要以無裝飾為主，僅西周中期以長翼為主，時代特色鮮明，對於斷代、辨偽的判斷具有協助的功能；列旗、背鰭、短鰭、鬚、短翼&長翼、短翼等可見時代較短，對於斷代的辨別幫助較大，列旗可見於殷墟晚期至西周中期，背鰭則見於殷墟時期至西周早期，短鰭、鬚及短翼&長翼三者則僅見於西周早期至中期，其中短鰭、鬚等與背鰭特徵略似，可能為背鰭於此一階段的變形運用，短翼除春秋時期之外，可見於其他各時期，但主要以殷商時期運用較多〔註2〕。整體說來，各式背部裝飾以無裝飾、長翼比例最高，運用時間最長，其他裝飾則各自於不同時代中有少數的運用。

　　整體而言，龍紋背部裝飾運用的特點有：（一）由殷商至春秋，各時期皆可見無裝飾與長翼兩種裝飾，為最常見的背部裝飾形式，主要以無裝飾比例最高，長翼其次，唯西周中期較為特別；（二）西周中期背飾運用受到鳳鳥紋的影響不同於其他時期，亦為背部紋飾運用的分界，西周中期以前類型增加，運用比例仍具起伏，紋飾喜好的傾向逐步顯露，西周晚期以後類型漸減，運用比例懸殊，主要的類型運用明顯，其他類型僅見少數、零星的運用；（三）列旗、背鰭、短鰭、鬚、短翼&長翼、短翼等形式可見時間較為侷限，有助於斷代的判斷。

第五節　可見龍紋之器類於各時代運用特色

　　可見龍紋出現的禮器器類種類非常繁雜多元，高達近三十項，由於許多器類其所佔比例不至 1%，為極少量的運用，若經四捨五入之後可能無法於圖表中看出其比例，僅顯示為 0%，為使讀者能明確的理解其運用狀況，故取至小數第二位，不同於前述各節中以整數表達其運用比例。由表 5-21「器類整體運用比例分配表」中可以看出整體以簋、卣、鼎、觚、盤、鐘等器類上較常出現龍紋，即便如此，其比例單項未見超過 20% 者，其他器類則比例僅5% 以下。各式器類於各時期的運用可參看表 5-22「各時期器類運用比例表」，詳細數據則參看表 5-23「各時期器類運用數據表」，其中「－」表示該項為 0%。

〔註2〕　本段中部份紋飾，如列旗、背鰭等資料中可知較為詳細的分期時間，則於文
　　　　字敘述中另以較精確的時間斷代進行論析。

表 5-21：器類整體運用比例分配表

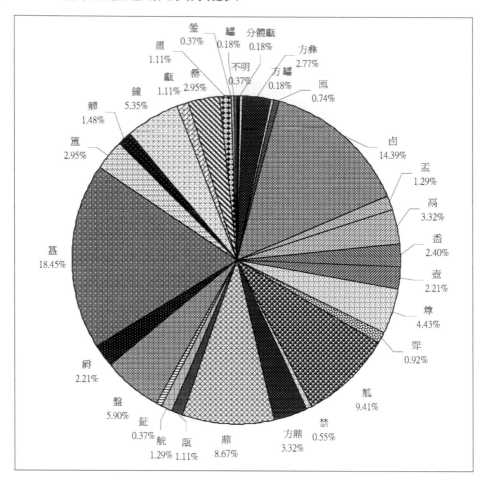

　　由上表中可看出器類整體運用的概況，運用最多的器類為簋（18.45%），其次為卣（14.39%），再其次為鼎與方鼎合計佔 11.99%，其中鼎佔 8.67%，方鼎佔 3.32%，僅此三種器類比例超過 10%。接著為觚（9.41%）、盤（5.90%）、鐘（5.35%），此三者比例超過 5%，未達 10%。其次為尊（4.43%）、鬲（3.32%）、簠與罍（2.95%）、方彝（2.77%）、盉（2.40%）、爵與壺（2.21%）、觶（1.48%）、盂與觥（1.29%）、瓿、盨與甗（1.11%）、斝（0.92%）、匜（0.74%）、禁（0.55%）、鑒、鉦與不明（0.37%）、方罍、分體甗、繻等（0.18%）。由上述比例分配狀況，可知器類的運用非常多元，即便簋、卣、鼎有較多的運用，但比例仍未超過 20%，其他器類則多未達 10%，甚至不達 5%，於運用上未見以某一器類獨佔的現象，各式器類皆有其發展的空間，而呈現出多元嘗試的現象。

表 5-22：各時期器類運用比例表

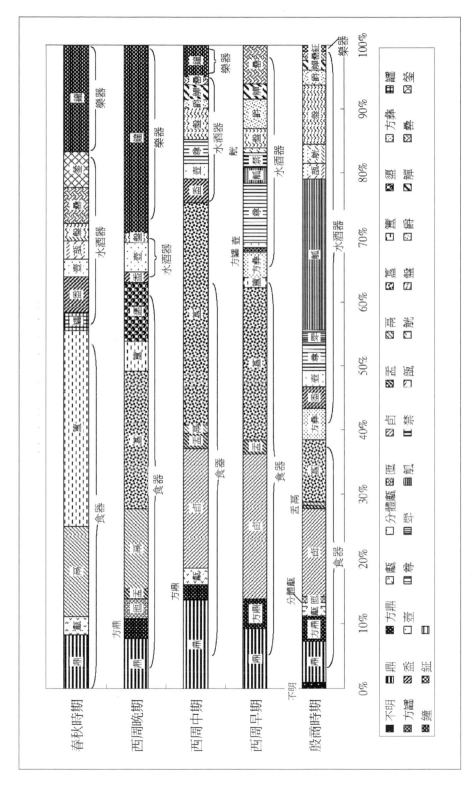

表 5-23：各時期器類運用數據表

器類／時代	殷商時期	西周早期	西周中期	西周晚期	春秋時期
不明	0.98%	—	—	—	—
鼎	6.34%	9.23%	13.58%	7.69%	8.33%
方鼎	3.90%	4.62%	2.47%	3.08%	—
甗	1.46%	—	2.47%	—	2.78%
分體甗	0.49%	—	—	—	—
盂	0.49%	2.31%	2.47%	1.54%	—
鬲	0.49%	—	1.23%	12.31%	13.89%
簋	9.76%	23.85%	34.57%	21.54%	—
簠	—	1.54%	—	4.62%	30.56%
盨	—	—	—	9.23%	—
方彝	4.88%	3.85%	—	—	—
罍	—	—	—	—	2.78%
方罍	—	0.77%	—	—	—
匜	0.98%	—	—	3.08%	—
卣	13.66%	22.31%	18.52%	—	—
壺	2.44%	0.77%	2.47%	4.62%	2.78%
尊	3.90%	9.23%	3.70%	—	—
罕	2.44%	—	—	—	—
觚	23.41%	2.31%	—	—	—
禁	—	2.31%	—	—	—
瓿	2.44%	—	—	—	2.78%
觥	2.93%	0.77%	—	—	—
盤	9.27%	3.08%	4.94%	1.54%	2.78%
爵	2.44%	4.62%	1.23%	—	—
觶	1.46%	2.31%	2.47%	—	—
罐	1.46%	6.15%	1.23%	—	5.56%
鍪	—	—	—	—	5.56%
鐘	—	—	4.94%	29.23%	16.67%
鉦	0.98%	—	—	—	—

　　由於可見龍紋之器類種類繁多，故將其概分為食器、水酒器、樂器等大項，食器包含鼎、方鼎、甗、盂、鬲、簋、簠、盨等；水酒器包含方彝、罍、方罍、匜、卣、盉、壺、尊、斝、瓠、禁、瓿、觥、盤、爵、觶、罍、鋻等；樂器則有鐘、鉦等。其中方鼎、方罍、分體甗為鼎、罍、甗之下的細項，宏觀說來仍可將其歸入鼎、罍與甗的器類之中。由表 5-22 中可看出由殷商至西周時期，大致而言食器的運用漸增，水酒器的運用漸減，樂器的運用則較為分散不連貫，如西周早期則未見樂器的運用，以西周晚期運用比例較高；西周晚期也由於樂器運用的崛起，以致於食器運用比例較西周中期略減。春秋時期仍以食器比例最高，水酒器其次，樂器又其次。由表 5-22 中不但可看出食器、水酒器、樂器間運用的改變，亦可看出各時期器類的改變，以下將依時序論析各時期器類運用的特色。

　　殷商時期器類明確者共計二十二項，有部分紋飾器類不明確；其中最常見的器類為瓠，佔 23.41%，其次為卣（13.66%），鼎與方鼎合計佔 10.24%，其中鼎佔 6.34%，方鼎佔 3.90%，簋、盤僅次於後，分佔 9.76% 與 9.27%，其他如方彝、尊、盂、觥、瓿、爵、壺、斝、鉦、觶、甗、罍、匜、盂、鬲、分體甗等則運用較少，其數據請詳參表 5-23，此不贅述。從表 5-22 與表 5-23 中可見殷商時期器類種類繁多，且器類種類多於其他各時期，又由數據中可見各式器類所佔比例並不太高，即便是所佔比例最高的瓠器，亦僅佔 23.41% 而已，其他各式器類所運用皆不算太高，各有其發展運用的空間，部分器類更是不到 1%，為極少量的運用，可視為嘗試的現象；雖有瓠、卣、鼎、簋、盤等器比例略高，但整體而言，未見器類獨佔的現象，與前述各項分析中常見某一特徵即佔過半比例的狀況大不相同，顯示殷商時期器類的運用呈現多元的嘗試現象。

　　西周早期器類共十七項，略少於殷商時期，整體而言以簋器比例最高，佔 23.85%，其次為卣，佔 22.31%，鼎與方鼎合計 13.85%，其中鼎佔 9.23%，方鼎佔 4.62%，前三常見器類運用順序與殷商時期略有差異，首位由瓠器改為簋器，其餘器類順序則相同；接著為尊（9.23%）、罍（6.15%），其餘器類如爵、方彝、盤、盂、觶、瓠、禁、簠、觥、壺、方罍則皆未達 5%，屬少量的運用。由上述數據中可見西周早期時器類的運用順序已與殷商時期有頗大的差異，另外值得留意的是，西周早期時最常運用的前三種器類各器類所佔比例皆較殷商時期略微升高，其餘器類比例略為下滑，但所佔比例少於 1% 的器

類種類又較殷商時期少〔註3〕，且整體器類種類減少，由上述種種線索顯示其器類運用有較殷商時期集中的傾向。

　　西周中期器類共十五項，又略少於西周早期；前三常見的器類順序則與西周早期相同，依序爲簋、卣、鼎與方鼎。簋器比例較西周早期上升 10.72 個百分點，佔 34.57%，卣則略爲下降 3.77 的百分點，佔 18.52%，鼎與方鼎合計 16.05%，較西周早期略爲上升 2.2 個百分點，其中鼎佔 13.58%，方鼎佔 2.47%。其餘器類如盤、鐘、盉、尊、盂、壺、觶、甗、罍、爵、鬲等則皆未達 5%，但其中無未達 1%者。整體而論，西周中期前三常見的器類所佔比例總和，較西周早期呈現上升的傾向，而其他器類的比例總和、各項比例則皆下降，但卻無未達 1%者；又簋器單項即佔 34.57%，與第二常見的卣器間所佔比例差距達 16.09 個百分點，顯示西周中期的器類運用又較殷商時期、西周早期更加的集中，且單一器類突出的現象較其他時期都更加明顯。

　　西周晚期器類共十二項，又較前述各期更加減少；前三常見的器類亦不同於西周中期，依序爲鐘、簋、鬲，其比例分別爲 29.23%、21.54%、12.31%，總和較西周中期略少 6.06 個百分點。接著爲鼎與方鼎合計佔 10.77%，其中鼎佔 13.58%，方鼎佔 2.47%，盨佔 9.23%，其餘如壺、簠、匜、盤、盂、盉等則未達 5%，但亦未低於 1%。由上列數據中可看出西周早期與中期主要運用器類相同，然西周晚期時主要運用器類則較西周早期、中期有所轉變，前三常見器類中僅簋與西周早期、中期相同，而鼎與方鼎則被擠出前三名外，卣器於西周晚期則是完全未見；鐘於西周中期才開始有所運用，西周中期時所佔比例不達 5%，於西周晚期則足足上升 24.29 個百分點，成爲西周晚期最常見到龍紋的器類，鬲亦屬突然興起的器類，雖於殷商時期即已有龍紋運用於上，但西周早期時一度中斷，西周中期亦僅 1.23% 的運用，然西周晚期時大幅上升 11.08 個百分點，成爲西周晚期第三常見龍紋的器類。由上述的分析可知，西周晚期中常見龍紋的器類不僅種類有所改變，且多爲新興的器類，與殷商或西周早期、中期的運用有明顯的差異。雖前三常見的器類所佔比例總和略低於西周中期，單項所佔比例亦無西周中期高，但由於器類種類減少，整體仍呈現較爲精要、集中的器類運用形式。

　　春秋時期器類仍爲十二項，與西周晚期數量相同；前三常見器類爲簋、

〔註3〕　殷商時期有五項未達 1%（分體甗、匜、盂、鬲、鉦），西周早期則僅三項未達 1%（方罍、壺、觥）。

鐘、鬲，所佔比例分別為 30.56%、16.67%、13.89%。其次為鼎佔 8.33%、罍、盃與鋆各佔 5.56%，其餘如壺、瓿、盤、甗、罐等則各佔 2.78%。由數據中可看出春秋時期最常見龍紋的器類比例頗高，達 30%以上，但其他各項器類則比例略少，第二常見的器類僅 16.67%，與簋器比例差距達 13.89 個百分點，其他各項比例則懸殊更大，雖其差距不比西周中期大，但仍顯示春秋時期單一器類突出的現象較為明顯。

　　整體而言，由殷商至春秋器類運用由多元繁複漸趨統整精要，其運用器類的項目漸少；而單一器類的突出運用，則以西周中期最劇，春秋時期次之，再其次為西周晚期，大致而言殷商時期至西周早期，器類的運用仍屬摸索的階段，故單一器運用較不突出，而呈現較為多元嘗試的局面。而食器、水酒器、樂器運用比例的改變，也反映出各時期社會風氣的轉化，如殷商時期水酒器的運用比例極高，即為殷商重酒社會風氣的佐證。

　　若以器類為軸來看，由表 5-23 中可較明顯的看出，除鼎、盤、壺三種器類由殷商時期至春秋時期皆可見龍紋之外，多數器類的龍紋皆僅運用於某一時期或階段，如鉦、瓿、斝、分體甗僅見於殷商時期，方彝、觚、觥僅見於殷商至西周早期，方罐、簠、禁僅見西周早期，卣、尊、爵、觶見於殷商至西周中期，鐘見於西周中期至春秋時期，盨僅見於西周晚期，鋆、罐僅見於春秋時期，盂、方鼎、簋等可見時間較長，於殷商時期至西周晚期皆可見；部分器類則可見時間斷續出現，如匜見於殷商時期與西周晚期，瓿見於殷商時期與春秋時期，簋見於西周早期、西周晚期與春秋時期，甗見於殷商時期、西周中期、春秋時期，罍則僅西周晚期末見。

　　值得留意的是，造成龍紋運用於各式器類的時代範圍有兩種可能的原因，一種乃器類本身可見時間的侷限，上述分析中多數器類屬之；另一種則是器類使用時間較長，但龍紋的運用時間較短，屬此種狀況之器類僅為少數，但由於器類與紋飾間運用時間的落差，反將紋飾運用的時間特色突顯而出，對於斷代辨偽較大。如：簋器流行時間頗長，由殷商至東周時皆可見其運用〔註4〕，但於筆者所蒐羅的資料中，簋器上的龍紋僅運用至西周晚期；由此結果可判斷具有龍紋的簋器，其年代至少為西周晚期之前，而非東周時之器物。然斷代實為一項立體的研究，必須集結許多資訊加以統合分析，因此單就紋飾與器類的關係進行判斷，其成果仍有限，還需參考器型變化等其他特徵加

〔註4〕　參見馬承源：《中國青銅器》，頁 126～144。

以判斷。由於器型的演變並非本文研究核心,就筆者粗淺觀察之結果,器類於時代中較爲明顯的轉變,往往爲器型特徵的轉變,如耳、腹、足等的細微改變,紋飾的運用改變較有限;但由前述的分析中,可知部分紋飾與器類間運用時間實具有細微的差異,仍可做爲斷代判斷時的參考。

整體而言,可見龍紋之器類運用特點有:(一)殷商至春秋運用器類的項目漸少,在運用由多元繁複漸趨統整精要;(二)單一器類的突出運用,以西周中期最劇,其次爲春秋時期、西周晚期,殷商時期至西周早期,單一器類運用較不突出,器類的運用仍屬摸索的階段,呈現較爲多元嘗試的局面;(三)殷商至春秋時期,大致而言食器運用漸增,水酒器運用漸減,樂器運用則不連貫,以西周晚期運用比例較高,春秋時期次之,三者運用比例的改變,反映出該時期社會風氣的偏好與轉變;(四)除鼎、盤、壺三種器類由殷商時期至春秋時期皆可見龍紋之外,其他多數器類的龍紋運用僅見於某一時期或階段,對於斷代辨僞的判斷較能提供協助;五、極少數器類之龍紋運用,與器類可見時間略有差異,更加突顯出紋飾運用的時代特色。

第六節　可見龍紋之器類部位於各時代運用特色

可見龍紋出現的器類部位共計有十六項,由表 5-24「紋飾位置整體運用分配比例表」中可了解各種位置分配的整體概況,由於本表主要目的乃突顯出整體運用的概況,因此以較爲寬泛的角度來論析,如上腹部、下腹部、腹部等統稱爲腹部,蓋、蓋沿、蓋頂、蓋鈕等部位統稱爲蓋,圈足、圈足上部、圈足下部、足等皆納入足部的範圍,其他一項則包含尖形槽兩側、甗架正面、柱頂等極少出現的位置,將其統合分析,不明則指僅知器類而未知其詳細位置者;整體而言,最爲常見的部位爲口沿,佔 24.35%,其次爲足部佔15.87%。由於部分位置其所佔比例不至 1%,爲極少量的運用,若經四捨五入之後可能無法於圖表中看出其比例,僅顯示爲 0%,爲使讀者能明確的理解其運用狀況,故取至小數第二位。

另由表 5-25「各時期紋飾位置運用比例表」中可看出各時期紋飾位置運用的概況,此表仍以較爲寬泛的角度進行分析,各位置細項延續表 5-24 之分類,分爲十七項;爲求圖表之清晰與分析之便利,主要取至整數,除少數部位比例較少,但又具有該時代之代表性,則破例取至小數第一位,如殷商時鼓部與其他兩項。

表 5-24：紋飾位置整體運用分配比例表

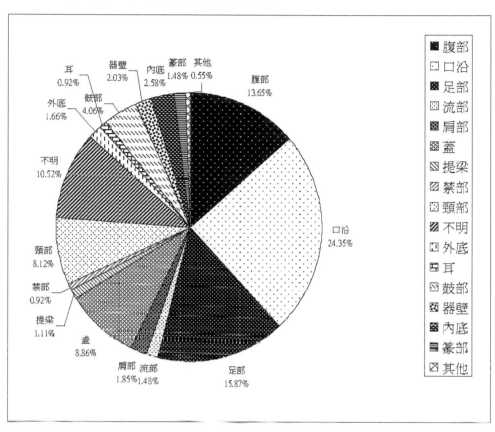

表 5-25：各時期紋飾位置運用比例表

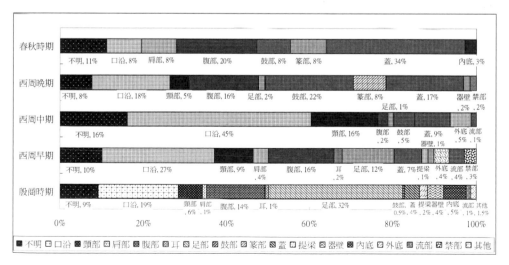

　　扣除僅知器類之「不明」一項，從中可看出殷商時期可見龍紋之器物位置有口沿、肩部、頸部、腹部、耳、足、鼓部、內底、蓋、提梁、器壁、流部、其他等處。相對而言，以口沿、肩部、頸部、腹部、內底、鼓部等處屬較爲明顯之部位，合計佔45.5%，其他耳、足部、蓋、提梁、器壁、流部、其他等處則屬較不明顯之部位，合計亦佔45.5%，顯示殷商時期的龍紋運用仍佔有一定的地位，約有半數處於器物中較爲明顯的部位。

　　西周早期龍紋則可見於口沿、頸部、肩部、腹部、耳、足部、蓋、提梁、外底、流部、禁部等處，部位細項略少於殷商時期，顯示西周早期龍紋運用的可見部位較殷商時統整。其中以耳、足部、蓋、提梁、器壁、外底、流部、禁部位置較不明顯，合計佔34%，與殷商時期相較，共下降11.5個百分點；相對而言，即西周時期龍紋位於較明顯位置之比例較殷商時期呈上升的現象，達56%，可視爲龍紋地位上升的佐證，亦顯示出殷商至西周早期間紋飾運用的轉變。

　　西周中期可見於口沿、頸部、腹部、足部、鼓部、蓋、外底、流部等處，細項又較西周早期略少，可見殷商至西周中期龍紋飾運用位置乃呈現漸趨統整之狀態。上述各部位以口沿、頸部、部位等處較爲明顯，合計佔63%，較西周早期上升七個百分點，而紋飾位於不明顯處總數下降，僅佔21%，顯示西周中期龍紋運用越加重要；而殷商至西周中期，龍紋做爲主要紋飾的比例漸高，顯示出時代中紋飾運用主體的轉變。

　　西周晚期可見於口沿、頸部、腹部、足部、鼓部、篆部、蓋、器壁、禁部，較西周中期略多一項，但由於各項數據分配頗爲平均，可看出西周晚期龍紋運用部位仍較殷商時期屬整合而不分散的狀態。由表5-25的數據中，可見該時期鼓部與篆部的運用比例皆較其他時期高，可看出西周晚期樂器運用的活躍。上述各部位中，以足部、蓋、器壁、禁部屬較不明顯之部位，合計佔23%；相對而言，龍紋位於較明顯處比例較高，合計佔69%，又較西周晚期比例更高。

　　春秋時期可見於口沿、肩部、腹部、鼓部、篆部、蓋、內底等處，細項數目與西周中期相同；上述各處，以蓋略不明顯，佔34%，其他各項合計55%。需要說明的是，春秋時期龍紋多位於簋器器蓋（數據可參表5-26），其器蓋與器身紋飾往往相同，故春秋時期雖龍紋位於較明顯處的比例，較西周晚期略降，但仍可看出龍紋於此時期運用地位並未降低。

　　整體而言，由殷商至春秋龍紋運用的變化趨勢，大致呈現由次要、點綴的紋飾，逐漸轉爲器物上主要紋飾的現象，顯示出龍紋地位的提高；而由出現部位細項的減少，可見紋飾運用由紛雜漸趨統整，也可看出紋飾運用、發展由多元嘗試逐步整合的現象。由於紋飾位置與器類之間息息相關，若單獨分析位置，其結果之價值略顯薄弱，故僅以表 5-24、表 5-25 做一概析；於後的分析中，將延續本章第三節之結果，將器類與位置的關聯一併分析討論，並將較爲精細的紋飾部位標出，以了解紋飾位置與器類的關係。其運用各項詳細數據則參表 5-26「器類暨紋飾位置於各時期運用數據表」，其中「－」表示該項爲 0%。以下按食器、水酒器、樂器等分段討論，各段中再依各器類龍紋位置逐一分析。

表 5-26：器類暨紋飾位置於各時期運用數據表

器　　類	紋飾位置	殷商時期	西周早期	西周中期	西周晚期	春秋時期
不明	不明	0.98%	－	－	－	－
鼎	不明	－	－	－	3.08%	2.78%
	口沿	5.37%	7.25%	13.58%	3.08%	2.78%
	頸部	0.49%	－	－	－	－
	耳	－	0.72%	－	－	－
	腹部	0.49%	1.45%	－	1.54%	2.78%
方鼎	口沿	2.93%	1.45%	2.47%	3.08%	－
	耳	0.98%	1.45%	－	－	－
	腹部	－	1.45%	－	－	－
甗	不明	0.49%	－	－	－	2.78%
	口沿	－	－	2.47%	－	－
	甑口下	0.49%	－	－	－	－
	甗架正面	0.49%	－	－	－	－
分體甗	小甑頸部	0.49%	－	－	－	－
盂	不明	－	－	1.23%	－	－
	口沿	－	1.45%	－	－	－
	頸部	－	－	1.23%	－	－
	圈足	0.49%	0.72%	－	1.54%	－

器　類	紋飾位置	殷商時期	西周早期	西周中期	西周晚期	春秋時期
鬲	不明	0.49%	—	—	—	—
	口沿	—	—	—	1.54%	2.78%
	腹部	—	0.72%	1.23%	10.77%	11.11%
簋	不明	—	5.07%	8.64%	3.08%	—
	口沿	5.85%	9.42%	17.28%	6.15%	—
	頸部	—	—	4.94%	3.08%	—
	腹部	—	2.90%	—	1.54%	—
	圈足	3.90%	4.35%	—	—	—
	蓋沿	—	—	2.47%	1.54%	—
	蓋頂	—	—	—	4.62%	—
	方座	—	0.72%	—	—	—
	禁面	—	—	—	1.54%	—
	外底	—	2.17%	1.23%	—	—
簠	不明	—	—	—	—	2.78%
	口沿	—	0.72%	—	—	—
	腹部	—	—	—	1.54%	2.78%
	圈足	—	0.72%	—	—	—
	蓋	—	—	—	3.08%	25.00%
盨	口沿	—	—	—	1.54%	—
	蓋沿	—	—	—	1.54%	—
	蓋鈕	—	—	—	6.15%	—
方彝	口沿	—	0.72%	—	—	—
	頸部	—	1.45%	—	—	—
	尖形槽兩側	0.49%	—	—	—	—
	圈足	4.39%	0.72%	—	—	—
	蓋面上緣	—	0.72%	—	—	—
罍	肩部	—	—	—	—	2.78%
方罍	頸部	—	0.72%	—	—	—
匜	不明	0.49%	—	—	—	—
	口沿	0.49%	—	—	3.08%	—

器　　類	紋飾位置	殷商時期	西周早期	西周中期	西周晚期	春秋時期
卣	不明	1.95%	3.62%	4.94%	—	—
	口沿	3.90%	4.35%	3.70%	—	—
	頸部	0.98%	3.62%	4.94%	—	—
	腹部	1.46%	1.45%	—	—	—
	圈足	1.46%	2.90%	1.23%	—	—
	提梁	1.95%	1.45%	—	—	—
	蓋	—	2.17%	—	—	—
	蓋沿	1.95%	2.90%	3.70%	—	—
盉	不明	1.46%	—	—	—	—
	口沿	—	—	1.23%	—	—
	頸部	1.95%	—	—	—	—
	腹部	—	—	—	1.54%	—
	蓋	—	—	1.23%	—	—
	蓋沿	—	—	1.23%	—	5.56%
壺	不明	—	—	1.23%	1.54%	2.78%
	頸部	0.49%	0.72%	1.23%	1.54%	—
	腹部	—	—	—	1.54%	—
	上腹部	0.49%	—	—	—	—
	圈足	1.46%	—	—	—	—
尊	不明	0.98%	—	—	—	—
	頸部	0.98%	2.17%	2.47%	—	—
	肩部	—	0.72%	—	—	—
	腹部	0.98%	3.62%	—	—	—
	上腹部	—	0.72%	—	—	—
	下腹部	—	0.72%	—	—	—
	圈足	0.98%	0.72%	—	—	—
	外底	—	—	1.23%	—	—
斝	柱頂	0.49%	—	—	—	—
	腹部	0.98%	—	—	—	—
	下腹部	0.49%	—	—	—	—

器　類	紋飾位置	殷商時期	西周早期	西周中期	西周晚期	春秋時期
	足部	0.49%	—	—	—	—
觚	不明	0.49%	—	—	—	—
	頸部	0.49%	—	—	—	—
	腹部	4.88%	0.72%	—	—	—
	圈足	7.32%	—	—	—	—
	圈足下部	4.88%	0.72%	—	—	—
	圈足上部	5.37%	0.72%	—	—	—
禁	禁面	—	0.72%	—	—	—
	禁壁	—	1.45%	—	—	—
瓿	不明	0.98%	—	—	—	—
	腹部	0.98%	—	—	—	—
	下腹部	—	—	—	—	2.78%
	圈足	0.49%	—	—	—	—
盉	口沿	—	0.72%	—	—	—
	流部上側	0.49%	—	—	—	—
	腹部	0.49%	—	—	—	—
	左前足外側	0.49%	—	—	—	—
	蓋兩側	0.98%	—	—	—	—
	蓋面右側	0.49%	—	—	—	—
盤	不明	—	—	—	—	—
	口沿	—	0.72%	3.70%	—	—
	盤口下內壁	3.90%	0.72%	—	1.54%	—
	盤口下外壁	—	0.72%	—	—	—
	盤底	5.37%	—	—	—	2.78%
	外底	—	0.72%	1.23%	—	—
爵	流部	0.49%	3.62%	1.23%	—	—
	腹部	1.95%	0.72%	—	—	—
觶	不明	—	0.72%	—	—	—
	頸部	—	0.72%	1.23%	—	—
	腹部	0.98%	—	—	—	—

器　類	紋飾位置	殷商時期	西周早期	西周中期	西周晚期	春秋時期
罍	圈足	0.49%	—	—	—	—
	外底	—	0.72%	1.23%	—	—
	不明	0.49%	0.72%	—	—	—
	肩部	0.98%	2.90%	—	—	5.56%
	腹部	—	1.45%	1.23%	—	—
	圈足	—	0.72%	—	—	—
	蓋頂	—	0.72%	—	—	—
鋆	口沿	—	—	—	—	2.78%
	蓋沿	—	—	—	—	2.78%
鐘	鼓部	—	—	4.94%	21.54%	8.33%
	篆部	—	—	—	7.69%	8.33%
鉦	不明	0.49%	—	—	—	—
	鼓部	0.49%	—	—	—	—

　　食器中方鼎與分體甗分別為鼎與甗之細項，可將前者納入後者中一併分析討論。鼎器主要運用的部位為口沿，其次為腹部，頸部、耳則僅少量運用；由於鼎器之器壁多為一平滑的線條，無明顯的彎折，故口沿、頸部、腹部等處僅相對而言，最靠近上緣處為口沿，位於器物中部稱為腹部，介乎兩者中間稱為頸部；從中可看出鼎器紋飾運用主要見於器身之上。由表 5-26 中可見殷商時期運用範圍較為多元，西周早期口沿、腹部皆可見，西周中期則僅見於口沿，西周晚期、春秋時期則口沿多於腹部，顯示出紋飾位置大致有上移的趨勢。另一方面，由銅器照片中可見殷商時期龍紋多為輔助之紋飾，腹部有獸面紋，龍紋位於獸面紋兩側或上緣；西周之後，龍紋逐漸成為主要紋飾，雖位於口沿，但腹部多為幾何紋飾或空白，突顯出龍紋的主體性，與殷商時期運用的模式大不相同。甗器則位置較為分散，運用上集中偏好的狀況不明顯，但多位於次要部位，少做主要紋飾。盂可見於口沿、圈足、頸部等處，多為帶狀點綴，各部位運用比例上也頗為平均，時代上則以西周時期為主要運用年代。鬲主要見於腹部，口沿運用較少；從數據中可見西周晚期與春秋時期腹部運用比例頗高，顯示此階段龍紋於鬲器運用頗豐，並多為主要紋飾。簋器為食器中龍紋運用最多者，從其紋飾位置運用的數據來看，主要以口沿、頸部、圈足等處比例較高，蓋、方座等處比例較少，大致而言以

紋飾位於醒目位置略多；但由全器照片中可看出簋器中較少僅見龍紋者，往往有其他紋飾一併出現，與鼎器相比，簋器中龍紋的主體性略低。簠器則運用於器蓋者最多，其他尚可見於口沿、腹部、圈足等處，但需要注意的是，簠器器身與器蓋形制往往相同，因此腹部數據實可納入器蓋中做參考。

　　水酒器中有龍紋運用的器類頗多，共達十九項，其中以卣器、觚器的運用最多，卣器至晚見於西周中期，可見位置頗爲分散，有口沿、頸部、腹部、圈足、提梁、蓋、蓋沿等處；以口沿、頸部、蓋沿的運用較多，此三者皆位於卣器中段，屬於醒目的位置；其次爲圈足、提梁等。整體而言，卣器中龍紋運用多屬主體，尤其是西周中期以後，與其他紋飾一併出現的數量減少，多全器中僅見龍紋。觚器則以圈足、腹部最多，頸部僅少量的運用，由於觚器器型圈足所佔位置頗大，往往佔全器三分之一的面積，故雖位於圈足，但龍紋仍頗爲醒目，與其他器類圈足紋飾的醒目程度略有不同；整體而言，觚器中龍紋的地位頗高，亦有腹部、圈足皆爲龍紋的個例，顯見龍紋在觚器中的重要性。盤的運用比例居水酒器的第三位，龍紋多位於盤內底，其次爲盤口下內壁，盤口下外壁、外底則運用頗少，從表 5-26 中可見其數據不高；盤內底與盤口下內壁皆爲盤中極爲醒目的位置，尤其是盤內底，足見龍紋在盤器運用的重要性。尊器運用比例僅次於盤，居第四位；較其他器類特別之處在於尊器部分紋飾可見於外底，此部位於其他器類較少見，爲尊器紋飾運用上的特點。整體而言尊器仍以腹部運用最多，其次爲頸部，其他如圈足、肩部、外底等處運用較少。由尊器運用的部位以腹部爲主，以及外底裝飾紋飾兩點，可知尊器龍紋的發展已達極高的高度，不僅做爲該器類主要的紋飾，甚至連器物外底如此隱密的空間都加以裝飾。其他如方彝、罍（方罍可納入）、匜、盉、壺、斝、禁、瓿、觥、爵、觶、罌、鑒等器類則以口沿、腹部、頸部、器蓋較爲常見，少數器類受器型影響，紋飾位於流部、柱頂等處。綜上所述，龍紋於水酒器中可見位置皆爲突出、醒目，部分器類更是以龍紋做爲單一的主要紋飾，與食器相較，水酒器中龍紋運用的地位較高，此現象或與龍於古代中的形象常與水做連結有關，與水酒器的用途能相結合，故於水酒器中多做爲主要紋飾。

　　受到樂器可裝飾空間的限制，樂器運用部位較爲集中，以鼓部與篆部爲主，並以鼓部爲多。鼓部爲樂器中紋飾最具發展之空間，又位於被敲擊之處，爲一器之中最爲醒目之處，紋飾位於此處則其主體性可想而知。雖樂音多與

鳳鳥相互連結，但就筆者閱覽各鐘器照片的結果，鐘上裝飾以龍紋者也確實不少，由龍紋大量運用於樂器之上，又多裝飾於最醒目的鼓部，足見龍紋於樂器中的地位不凡。

　　整體而言，可見龍紋之位置運用特點有：（一）殷商至春秋運用之部位逐漸由不明顯處轉為明顯，由次要漸趨主要，越到後期龍紋做為該器主體紋飾的比例越高；（二）紋飾運用部位細項，殷商至春秋時大致呈現由多元嘗試漸趨統整；（三）水酒器、樂器中龍紋做為主要紋飾的比例較食器高，顯示水酒器與樂器中龍紋具一定地位；（四）整體而言，龍紋做帶狀紋飾的比例遠較塊狀或圓盤狀多，且無論有無其他紋飾搭配，皆以口沿、足部、腹部、蓋、頸部等處運用較多。

第七節　小　結

　　綜合上述六節的論析，以下將依序統整殷商時期至春秋時期的各部件紋飾特色，並以表格方式呈現。

表 5-27：商周各階段中各部件紋飾特色統整一覽表

時代	各　部　件　紋　飾　特　色
殷商時期	1. 目型呈現臣字形目略多，但與圓形目、方形目大致呈現三足鼎立的狀態。 2. 龍首裝飾以角型為主，且類型多元，但以尖角、半環狀角、瓶狀角最多見；外卷彎角僅見於此一時期。 3. 唇型以雙唇外卷與雙唇上卷為主，雙唇上卷略多。 4. 身軀裝飾則以裝飾繁複為多，並以雲雷紋最多；菱格紋僅見於此一時期。 5. 足型以一足、二足、無足三者為主；一足者彎勾與拳狀運用數量相當；一足（T）僅見於此一時期。 6. 尾部以上卷為多；尾部平直（上翹）者僅見於此一時期。 7. 背部裝飾以無裝飾為主，但可見背鰭、列旗、長翼、短翼等形式。 8. 器類多元，以水酒器為多；部位則以足部、口沿為多。
西周早期	1. 以圓形目為主，方形目、臣字形目為輔。 2. 龍首裝飾以角型為主，但冠型比例較殷商時期有小幅增長；角型種類較殷商時期略減，且各式角型分配比例差異縮小，但仍以尖角最多。 3. 唇型以雙唇外卷與雙唇上卷為主，雙唇上卷略多。 4. 身軀裝飾以裝飾簡略者為多，以粗黑線、棱脊留白為主要形式；裝飾繁複者有雲雷紋與鱗紋兩種。 5. 足型以一足、二足為主；一足者以爪形為多，彎勾次之。 6. 尾部以上卷為多；尾部分歧一類僅見於此一時期。 7. 背部裝飾以無裝飾為多，但比例較殷商時期減少；其他裝飾中以長翼最多。 8. 器類種類較少，改以食器為主；部位以口沿、腹部為多。

西周 中期	1. 目型以圓形目爲主，新增圓（臣）形目一項。 2. 龍首裝飾以冠型爲主，以花冠略多於長冠；角型裝飾中，種類又略減於前期，各式比例更爲接近，但仍以尖角最多。 3. 唇型以雙唇外卷與雙唇上卷爲主，但改以雙唇外卷爲多；新增上唇上卷舌下卷一項。 4. 身軀裝飾幾乎全爲裝飾簡略，裝飾繁複僅少部份；其中並以棱脊留白爲主要形式。 5. 足型以一足、無足爲多；一足者以爪狀爲主，新增戟形一類。 6. 尾部以上卷爲主。 7. 背部裝飾以長翼爲主，無裝飾者僅佔二成。 8. 器類種類較西周早期略少，整體食器比例更增；部位以口沿爲主，頸部比例較前期明顯增加。
西周 晚期	1. 目型以圓（臣）形目爲主，其他目型僅少量運用；新增方（臣）形目一類，並僅見於此一時期。 2. 龍首裝飾中冠型與角型比例相當；冠型以長冠多於花冠，角型種類僅餘三項，仍以尖角爲主。 3. 唇型以雙唇上卷爲主，上唇上卷舌下卷一項比例較西周中期明顯增加，其比例甚至超越雙唇外卷一項。 4. 身軀裝飾幾乎全爲裝飾簡略，仍以棱脊留白爲主要形式；裝飾繁複者較前期更少，僅雲雷紋一項。 5. 足型以無足者爲多，一足、二足僅餘少量運用，四足等其他形式消失。 6. 各式尾型運用比例相當，與前述各期狀況皆不相同。 7. 背部裝飾以無裝飾爲主，其他裝飾中仍以長翼爲多。 8. 器類種類更少，仍以食器爲主，樂器比例大增；部位以口沿、腹部、鼓部、器蓋等處最爲常見。
春秋 時期	1. 目型僅餘圓（臣）形目與圓形目兩種，以前者爲主。 2. 龍首裝飾以角型爲主，以尖角最多，佔全體比例一半，曲折角一類消失；冠型裝飾中，花冠與長冠比例相當。 3. 唇型以雙唇上卷爲主，上唇上卷舌下卷一項比例仍高。 4. 身軀裝飾幾乎全爲裝飾簡略，佔九成之多，以棱脊留白爲主要形式；裝飾繁複者僅鱗紋一項。 5. 足型以無足者爲主，一足、二足者數量較前述各期更加減少；一足者中戟形一類消失。 6. 尾型以雙尾形式與上卷形式相當。 7. 背部裝飾僅餘無裝飾與長翼兩種，以前者爲主。 8. 器類仍以食器爲主，樂器、水酒器各佔一定比例，整體運用較前述各期略爲平均；部位以器蓋最多，腹部其次。

綜上所述，大致可得出以下概念，龍紋發展以殷商時期至西周早期（至晚到西周中期）爲一個階段，西周中期一個階段，西周晚期至春秋時期爲一個階段，分別呈現出較爲接近的特色；而西周早期至西周中期多半有過渡的現象，西周中期最常出現新穎的樣式，顯示西周風格的逐步奠定，西周晚期之後則又開始產生變化。整體而言，紋飾運用大致朝逐步簡化的方向發展，不論是風格上或各式類型的數量上，皆呈現出精簡的傾向；而在器類、部位等運用上，則位置漸趨醒目，且在水酒器與樂器上的地位較高。

第六章　結　論

第一節　本文研究成果

分期研究爲青銅器研究中重要的一環，若欲就青銅器本身做斷代分析，則銘文、紋飾、器型皆爲研究要素，缺一不可。但與銘文相較，青銅器紋飾更具廣泛性，所有的青銅器皆具有紋飾，即便沒有紋飾也是一種紋飾〔註1〕，因此紋飾研究在青銅器各式相關研究中更顯重要，有其不可取代之處。一直以來，皆有學者提出紋飾研究在青銅器分期上的重要性，亦有許多先進前賢在青銅器紋飾研究上傾注心力。對於青銅器紋飾的研究，目前尚多著重在單篇期刊論文或通論性著作上，至於較爲深入的研究探索方面，仍待後輩晚生繼續耕耘；其中對於龍紋的研究更有許多發展的空間。故本文的撰寫，即奠基於前賢成果上，嘗試全面性的對龍紋進行爬梳整理，釐清其中紋飾藝術的轉變，及其與時代的關聯，企圖爲青銅器斷代辨僞提供另一項參考標準。

本文主要以第二章至第四章呈現材料的爬梳與分析，以類型爲經，時代爲緯進行論述，第五章則以第二章至第四章的材料爲基準，改以時間爲經，各部件特徵爲緯進行論述，以求縱向橫向論析的兼顧。部件特徵的討論，目的在於打破整體類型的侷限，希冀爲狀態不良的青銅器，如破碎的銅片上僅有的目、唇、身、足等片段特徵，提供分析判斷的參考，而不需受完整類型的侷限；另一方面，亦可做爲類型分期判斷時，相互參照、比對的另一種材

〔註1〕 李學勤認爲素面在一定意義上也是一種紋飾。見段勇：《幻想》中李學勤序言（頁1）。

料。此點亦是在前賢基礎上，所嘗試的另一種分析角度，爲本文較爲特殊之處。

　　類型命名方面，力求呈現出龍紋紋飾的特徵，使讀者於命名中即可掌握紋飾特徵。在名稱的訂定上，部分直接延續或參酌前賢慣用的名稱，如蟠龍紋、卷龍紋、顧首、直身、L型、S型、W型、水草型等〔註2〕；其他則多爲筆者個人對該類型紋飾觀察，加以前賢命名的結果，如前顧曲身型、下視折身型、下視曲身型、顧首直線型、顧首己型、方型卷龍紋等。以下茲以簡表呈現本文之研究成果，先爲各類型可見年代統整，次爲各部件紋飾特色可見年代統整。

表 6-1：各類型可見年代統整表〔註3〕

類　型　＼　時　間	商至殷墟時期			西周時期			春秋時期	備　　註
	早	中	晚	早	中	晚		
（前直 I 式）		✓						
（前直 II 式）	✓	✓	✓	✓				
（前直 IIIA）		✓						

〔註2〕　部分紋飾名稱已不可知最早命名的學者，爲歷來使用名稱的沿用，如容庚、朱鳳瀚、馬承源、陳佩芬等皆以「蟠龍紋」稱呼本文分類中 O 卷 IB 之龍紋；「卷龍紋」則參考自馬承源《商周》一書對於龍紋分類的命名；「顧首」一詞，則可見彭裕商、林巳奈夫等學者的使用，其他如馬承源則以「回顧式龍紋」、陳佩芬以「回首龍紋」、朱鳳瀚以「顧龍紋」表示，用詞略有差異，但皆表示龍首回顧的特徵，筆者認爲「顧首」最能妥切表示此一特徵，故採納其說。部分對紋飾細部特徵的命名，則多爲近代學者所提出，如水草型則沿用彭裕商之命名，直身則參酌於林巳奈夫之命名；L型、S型、W型等如林巳奈夫與段勇皆以此爲龍紋特徵命名。詳參容庚：《通考》；朱鳳瀚：《古代》；陳佩芬：《夏商周》；林巳奈夫：《殷周》；段勇：《幻想》等書。

〔註3〕　本表爲本文所分六十六種型式所見時代統整，由於春秋時期非本文論述重點，故未再行分期；商至殷墟時期中的早期則指僅知商代或殷墟早期者，由於僅知商代者爲數極少，爲求表格的精簡，故並列一格；表中若可知詳細分期者，又或部分紋飾時代資料較不明確者，則於備註中加以說解。

時　間 類　型	商至殷墟時期			西周時期			春秋 時期	備　　註
	早	中	晚	早	中	晚		
（前直 III B）			✓	✓				
（前直 III C）		✓	✓	✓				
（前直 III D）		✓	✓					
（前直 IV 式）		✓						原圖版爲直立狀
（前曲 I 式）	✓	✓	✓	✓	✓			
（前曲 II 式）		✓						
（前曲 III A）		✓	✓	✓				僅見於盤上
（前曲 III B）	✓	✓	✓	✓				
（前曲 IV 式）		✓	✓	✓				
（下直 I 式）		✓	✓					
（下直 II A）				✓	✓			
（下直 II B）				✓	✓			僅至西周中期前段
（下直 III A）				✓	✓	✓		
（下直 III B）				✓	✓	✓		

類型 \ 時間	商至殷墟時期			西周時期			春秋時期	備註
	早	中	晚	早	中	晚		
（下折 I A）	✓	✓	✓	✓				
（下折 I B）	✓	✓	✓	✓				
（下折 II A）		✓	✓	✓				
（下折 II B）	✓	✓	✓	✓				
（下折 III A）		✓						
（下折 III B）	✓	✓	✓	✓				
（下折 IV 式）	✓	✓	✓					
（下曲 I 式）		✓	✓	✓	✓	✓	✓	
（下曲 II A）	✓	✓	✓	✓	✓			
（下曲 II B）		✓	✓	✓				
（顧直型）	✓	✓	✓					原圖版為直立狀
（顧 L I A）				✓	✓			原圖版為直立狀
（顧 L I B）						✓		

時間 類型	商至殷墟時期			西周時期			春秋時期	備　註
	早	中	晚	早	中	晚		
（顧 L II 式）					✓	✓	✓	西周中晚期至春秋早期
（顧 S I 式）	✓	✓	✓	✓	✓	✓		1.原圖版為直立狀 2.商與西周各見一例，皆未知詳細分期
（顧 S II 式）					✓	✓		
（顧 S III A）				✓	✓			西周早中期至西周中期
（顧 S III B）					✓	✓	✓	至春秋早期，整體以西周中期為多
（顧 S IV 式）				✓	✓	✓		
（顧 S V A）							✓	
（顧 S V B）					✓	✓		
（顧 S V C）	✓	✓	✓	✓	✓	✓	✓	商與春秋中期各僅見一例，且未知商代詳細分期；整體仍以西周時期為主
（顧 W I 式）				✓	✓	✓		以西周早中期至西周中期前段為多
（顧 W II 式）					✓	✓		西周中晚期至晚期，以中晚期為多
（顧 W III 式）					✓	✓		
（顧 己 I A）			✓	✓				原圖版為直立狀

時　間 類　型	商至殷墟時期			西周時期			春秋時期	備　註
	早	中	晚	早	中	晚		
（顧己 I B）		✓	✓					
（顧己 I C）		✓	✓	✓				
（顧己 II A）				✓	✓	✓		
（顧己 II B）				✓	✓			西周早中期至西周中期前段
（顧水草 I 式）				✓				
（顧水草 II 式）				✓	✓			
（顧水草 III 式）		✓	✓	✓	✓	✓		
（顧水草 IV 式）				✓	✓			至西周早期前段
（雙身型）		✓	✓	✓				
（C 卷 I 式）		✓						
（C 卷 II A）		✓						
（C 卷 II B）		✓	✓					以殷墟晚期爲多

時間／類型	商至殷墟時期			西周時期			春秋時期	備　註
	早	中	晚	早	中	晚		
（C 卷 III A）		✓	✓					以殷墟中期為多
（C 卷 III B）			✓	✓	✓			以西周早期為多
（O 卷 I A）		✓		✓				殷墟中期與西周早期各見一例與二例
（O 卷 I B）		✓	✓			✓	✓	1. 可見於殷墟中期至中晚期，與西周晚期至春秋早期兩階段 2. 以殷墟中期為多
（O 卷 II A）		✓	✓					
（O 卷 II B）				✓	✓	✓		殷墟晚期僅見一例，整體以西周時期為多
（O 卷 II C）			✓		✓	✓		殷墟晚期僅見一例，目前未見西周早期之例
（方卷 I 式）				✓	✓		✓	春秋時期僅見至春秋早期

類　型 ＼ 時　間	商至殷墟時期			西周時期			春秋時期	備　註
	早	中	晚	早	中	晚		
（方卷 II A）					✓	✓	✓	西周中期至春秋早期，以西周晚期為多
（方卷 II B）						✓	✓	晚至春秋早期，並以此為多
（方卷 III 式）						✓	✓	晚至春秋早期，以西周晚期為多

　　由表 6-1 可概觀各型式分布年代狀況，其中多數類型可見年代皆橫跨數個階段，由於數量眾多，此處不再一一贅述，參看上表即可；對於此類型紋飾的年代判斷，除整體構圖特徵之外，則需觀察其中細節以推求較為精確的斷代，然整體而言，往往缺乏絕對的辨別標準，對於斷代判斷幫助有限。部分類型則可見年代較短，具明顯的階段性，對於年代判斷頗具參考價值，為本文研究之重要成果，其可見年代狀況如下表所示：

表 6-2：可供年代判斷之紋飾類型一覽表

時　代		紋　飾　類　型
商至殷墟時期		下折 IV 式、顧直型
商至殷墟時期	中	前直 IV 式、前曲 II 式、下折 III A、C 卷 I 式、C 卷 II A
	中晚	前直 III D、下直 I 式、顧 S II 式、顧己 I B、C 卷 II B、C 卷 III A、O 卷 II A
殷墟中期至西周早期		前直 III C、前曲 III A、前曲 IV 式、下折 II A、下曲 II B、顧己 I C、雙身型
殷墟晚期至西周早期		顧水草 IV 式、C 卷 III B
殷墟晚期至西周中期		下直 III A、下直 III B、顧己 I A、O 卷 II B
西周時期		顧 S IV 式、顧 W I 式、顧己 II A
西周時期	早	顧水草 I 式
	早中	下直 II A、下直 II B、顧 L I A、顧 S III B、顧己 II B、顧水草 II 式

	中	顧 L I B
	中晚	顧 S III A、顧 W II 式、顧 W III 式
西周中期至春秋時期		顧 L II 式、方卷 I 式、方卷 II A
西周晚期至春秋時期		顧 S V B、方卷 II B、方卷 III 式
春秋時期		顧 S V A

　　必須留意的是，部分類型可見數量較少，雖屬於特例性質，但由於僅見於某一小階段，仍有助於年代的判別，如前直 I 式、前直 IV 式、前曲 II 式、C 卷 I 式、C 卷 II A 僅見於殷墟中期，顧水草 I 式僅見於西周早期，顧 L I B 僅見於西周晚期；又部分紋飾雖亦僅見於某一小階段，但具有一定數量，則更突顯出此類型在時代中的特色，顯見該時期紋飾運用的偏好，如前直 III A、下折 III A 僅見於殷墟中期，顧 S V A 僅見於春秋時期。

　　綜合上述二表，亦可略見殷商時期與西周時期紋飾風格的轉變。殷商時期的紋飾多為直身或折身，紋飾整體外觀變化較為樸質，但身軀裝飾則多較為繁複；西周時期則以曲身、顧首、卷身等形式為多，紋飾整體外觀較具變化性，紋飾線條較為柔和，身軀裝飾則較殷商時期簡潔許多。整體而言，大致由裝飾繁複且神秘獰厲之感，轉為裝飾簡潔而親切和諧之感。殷商時期雖繁複與簡潔兩種紋飾並存，但多為裝飾繁複的紋飾；西周時期則幾乎僅見簡潔風格的紋飾，裝飾繁複的紋飾極為偶見；春秋時期則延續西周時期的風格，並逐步走向以抽象的形態做為藝術表現的方式。

　　由於多數紋飾仍需藉助紋飾細部特徵做進一步紋飾年代判別的參考，如前文中所述及 C 卷 III B 胸前彎勾位置若位於中段，則見於殷墟晚期、西周早期，位於接近足部者，可見於西周中期與晚期；O 卷 I B 殷商時期之紋飾多以葉狀耳為飾，並以內眼角下垂製造出鼻脊的效果，鼻尖多為桃心狀，眉間有菱形紋裝飾，口下的鬚呈接近直線的大 V 線條，西周以後紋飾則多以凹字形耳為飾，以身軀延續，鼻尖未凸出，眉間多無裝飾，口下的鬚呈 S 形的彎勾等，皆顯示出類型與細部特徵搭配判斷的重要性。故以下亦以簡表的方式呈現各部件紋飾特色可見年代統整，以茲相互參照、判斷。

表6-3：各部件紋飾特色可見年代統整表〔註4〕

類型 \ 時間	商至殷墟時期			西周時期			春秋時期	備註
	早	中	晚	早	中	晚		
（圓形目）	✓	✓	✓	✓	✓	✓	✓	
（方形目）	✓	✓	✓	✓	✓	✓		
（臣字形目）	✓	✓	✓	✓	✓	✓		
（圓（臣）形目）				✓	✓	✓		
（方（臣）形目）						✓		
（瓶狀角）	✓	✓	✓	✓	✓		✓	
（尖角）	✓	✓	✓	✓	✓	✓	✓	始見於殷墟時期
（葉狀尖角）	✓	✓	✓	✓	✓			
（T形角）		✓	✓	✓	✓	✓	✓	
（半環狀角）	✓	✓	✓	✓	✓		✓	始見於殷墟時期
（曲折角）		✓	✓	✓	✓	✓		

〔註4〕 本表分期與表格繪製的準則皆與表6-1相同。

時間　類型	商至殷墟時期			西周時期			春秋時期	備　註
	早	中	晚	早	中	晚		
（外卷彎角）		✓	✓					
（內卷彎角）		✓	✓	✓				
（長冠）		✓	✓	✓	✓	✓		
（花冠）			✓	✓	✓	✓		
（雙唇上卷）	✓	✓	✓	✓	✓	✓	✓	始見於殷墟時期
（雙唇外卷）	✓	✓	✓	✓	✓	✓	✓	
（雙唇內卷）		✓	✓	✓				
（口部如鬚）	✓	✓	✓	✓				始見於殷墟早期
（口部正面）		✓	✓	✓			✓	
（上唇上卷下唇倒 T）	✓	✓	✓	✓	✓			始見於殷墟時期
（上唇上卷無下唇）					✓	✓		

類　型　＼　時　間	商至殷墟時期			西周時期			春秋時期	備　註
	早	中	晚	早	中	晚		
（上唇上卷舌下卷）					✓	✓	✓	
（身飾雲雷紋）	✓	✓	✓	✓	✓	✓		
（身飾鱗紋）	✓	✓	✓	✓	✓		✓	
（身飾菱格紋）		✓	✓					
（身飾線條）		✓		✓	✓			
（輪廓狀）	✓	✓	✓	✓				
（棱脊留白）	✓	✓	✓	✓	✓	✓	✓	始見於殷墟時期
（粗黑線）	✓	✓	✓	✓	✓	✓		
（無足）	✓	✓	✓	✓	✓		✓	
（一足彎勾）	✓	✓	✓	✓	✓	✓	✓	
（一足爪狀）	✓	✓	✓	✓	✓	✓	✓	始見於殷墟時期
（一足拳狀）	✓	✓	✓	✓				
（一足 T 形）		✓						
（一足戟形）					✓	✓		

類型＼時間	商至殷墟時期			西周時期			春秋時期	備　註
	早	中	晚	早	中	晚		
（二足彎勾）	✓	✓	✓	✓	✓	✓	✓	始見於殷墟時期
（二足刀狀）					✓	✓	✓	
（二足爪狀）		✓		✓				目前僅於殷墟中期與西周早期各分見一例
（四足彎勾）				✓	✓	✓		
（四足爪狀）		✓	✓	✓				1. 皆爲照片無拓本 2. 僅殷墟中晚期與西周早期各見一例
（多足）				✓	✓			
（尾下卷）		✓	✓	✓	✓	✓		
（尾上卷）	✓	✓	✓	✓	✓	✓	✓	
（尾上翹）		✓	✓	✓				
（尾直豎）				✓	✓	✓		
（尾平直）	✓	✓	✓	✓	✓	✓		始見於殷墟早期
（尾平直上翹）	✓	✓	✓					僅見於殷墟時期

時　間 類　型	商至殷墟時期			西周時期			春秋 時期	備　註
	早	中	晚	早	中	晚		
（尾平直下垂）		✓	✓	✓	✓	✓		
（尾下垂）				✓	✓	✓		
（尾下垂拖曳）						✓		
（尾彎勾）		✓	✓	✓	✓	✓	✓	
（尾分歧）				✓				僅見一例，爲彩照，故無拓本可參考。其尾部形態如「r」狀
（尾盤卷）	✓	✓	✓	✓	✓	✓	✓	始見於殷墟時期
（雙尾型）	✓		✓	✓		✓	✓	殷商階段時，商與殷墟晚期各見一例
（背無裝飾）	✓	✓	✓	✓	✓	✓		
（背飾長翼）	✓	✓	✓	✓	✓	✓	✓	
（背飾列旗）			✓	✓	✓			
（背飾短翼）	✓	✓	✓	✓	✓	✓		
（長＆短翼）				✓	✓			
（背飾背鰭）	✓	✓	✓	✓				始見於殷墟時期

類　型＼時　間	商至殷墟時期			西周時期			春秋時期	備　註
	早	中	晚	早	中	晚		
（背飾短鰭）		✓		✓	✓	✓		殷墟中期僅見一例
（背飾如鬚）				✓	✓			

　　如上表所見，與紋飾類型相同，大致而言多數的部件紋飾特色運用時間頗為廣泛，雖為常見類型，但由於時代跨度長，對於斷代的判斷幫助有限，如圓形目、雙唇上卷、背無裝飾、背飾長翼、尾部盤卷等特徵，於殷商至春秋時期皆可見，其他多數紋飾即便可見年代略短於上述特色，但也多時代跨度頗長，此類型式的紋飾特色則需與整體類型等其他線索相互參看，以求較為可能的年代判斷。反而是部分較為特殊且所見時間短暫的特徵，雖運用數量不如常見型式豐富，但不論較其他各部件特色或紋飾整體特徵皆更具有時代判斷的價值，為本文研究精華所在，茲以簡表臚列如下：

表 6-4：可供年代判斷之部件紋飾特色一覽表

時　代		部　件　紋　飾　特　色
商至殷墟時期		尾平直上翹
商至殷墟時期	中	一足 T 形
	中晚	外卷彎角、身飾菱格紋、一足戟形
商至西周早期		口部如鬚、身軀輪廓狀、一足拳狀、背飾背鰭
殷墟中期至西周早期		內卷彎角、雙唇內卷、四足爪狀、尾上翹
殷墟晚期至西周早期		多足
殷墟晚期至西周中期		四足彎勾、尾直豎、背飾列旗
西周時期	早	尾分歧
	早中	背飾長&短翼、背飾如鬚
	中晚	上唇上卷無下唇
	晚	方（臣）形目、尾下垂拖曳
西周中期至春秋時期		圓（臣）形目、上唇上卷舌下卷、二足刀狀、尾下垂

　　透過上表的彙整，可明確的看出紋飾特徵與時代的關聯，但值得留意的是，並非可見年代較長的紋飾特色皆不具參考價值，如部份時代跨度極長的特徵，亦具有辨偽判斷的價值，如長翼於各時期皆可見，並多爲各階段最主要的裝飾形式，但春秋時期僅見背部無裝飾與背部飾長翼兩種形式，故若確知爲春秋時期，則龍紋背部具裝飾者則定爲長翼形式，不應爲其他形式；又如身軀裝飾若較爲繁複者，西周晚期僅見雲雷紋，春秋時期僅見鱗紋，雖此二形式於其他階段亦可見，但西周晚期則不可見鱗紋，春秋時期則不可見雲雷紋，有其獨特的時代特性。若將上述特性仔細辨別，仍有助於斷代辨偽的判斷，故雖屬可見時代跨度極長，又具時代特徵的部件類型數量不多，但亦提供青銅器辨偽的另一項參考，在進行斷代辨偽判斷時，仍不應忽略此類資料。

第二節　未來研究展望

　　青銅器斷代與辨偽乃一立體之研究，多數情況下仍需與器型、銘文、考古資料等相互參照、判斷，才能得出更臻準確的結論。本文僅以一己棉薄之力，盡量於龍紋紋飾中歸納出較具判斷價值之特徵，爲斷代辨偽的判斷，提供另一項參考準則，但未免流於資料整理居多，論述有限的缺失。又礙於個人學養、可見資料與研究時間的侷限，不免有所疏漏，仍有許多未盡完善之處，將來若有機會，將可循以下幾點再行深入研究：

一、更加全面而整體的青銅器紋飾研究

　　如前所述，青銅器上可見紋飾類型豐富，並不僅侷限於龍紋，各類紋飾可見時代皆有所不同，並有其各自不同的特色。如朱鳳瀚於《古代》中對於各式青銅器紋飾時代變化作一統整表（詳見附錄四），從中即可看出紋飾類型的相當繁多與豐富，雖朱鳳瀚對各式紋飾時代演變的現象已有一定的研究成果，但仍較爲粗疏、廣泛。筆者在前賢的基礎上，嘗試進行更加細緻的分類與分析，但與朱鳳瀚所作之統整表相比，即可知筆者所做範圍，僅涵蓋其中兩三項細類，仍有許多空間可繼續耕耘、深入。

　　故若能將青銅器上其他常見或搭配紋飾，諸如獸面紋、鳳鳥紋等其他動物紋飾，幾何紋飾，人物紋等納入一併探討，先各自對其做更爲全面、周全而細緻的分析研究，了解其中細緻的差異變化。並在各類紋飾分別研究的基

礎上，再將各類紋飾間的時代特色交叉比對，加以系聯，則可爲斷代辨僞提
供更多參考與判斷的線索，以求更爲精確的斷代範圍。

二、地區特色的研究

　　由於各地紋飾風格，必然受到該地區文化特色的影響，故對於紋飾風格
研究分析時，若能將地區的影響納入考量，則更顯完備；亦能從中窺探風格
傳遞的時間差異與範圍。目前已有前賢如陳芳妹、朱鳳瀚、段勇等對於此方
向研究有所述及；朱鳳瀚於《古代》下編中，分別對於商代、西周、春秋、
戰國等各地區出土銅器的特徵做分別的論析與介紹；段勇《幻想》一書中，
分別對獸面紋、夔龍紋（即本文所謂龍紋）、神鳥紋（即本文所謂鳳鳥紋）等
做地域差異的探討；陳芳妹更是指出區域研究爲青銅器未來努力進展的方
向。〔註5〕

　　然此方面研究所需資料更加完備，除時代資料外，亦須掌握出土地點、
出土狀況等相關資訊。但目前可見之諸多青銅器，由於出土時未加以記錄，
或爲盜墓所得，或爲傳世器等諸多因素，對於出土資料無法全盤掌握，在進
行研究時，確實有諸多限制之處，故筆者僅能於文中略加提點、述及，分析
地域可能造成的影響性，未能進行該方面較爲詳盡的研究，實爲可惜。筆者
以爲，區域研究確實爲青銅器研究可努力進展方向之一，將來若能收集到更
多相關的資訊，定當往此方向更行深入研究、探討。

三、文化意涵的探討

　　由於紋飾乃文化的反映，透過對紋飾背後所含藏的文化意涵進行探討，
及紋飾選擇的分析，可對於該時期整體文化的面貌，諸如信仰、文化思想等
更具概念；而了解紋飾的文化背影，不僅有助於了解各時期紋飾選擇的緣由，
亦可做爲該時期文化探究與了解的材料之一，形成一雙向互惠的研究，有其
不可忽視的研究地位與價值。亦多有學者觸及此方面之研究，如緒論中提及
張光直等諸多學者，又如段勇於《幻想》第五章中亦分析青銅器上幻想動物

〔註5〕　如陳芳妹：〈商代青銅藝術「區域風格」之探索——研究課題與方法之省思〉，
　　　　《故宮學術季刊》第十五卷第四期，頁 109～150 與陳芳妹：〈商周青銅容器
　　　　研究的課題與方法〉，《民國以來國史研究的回顧與展望研討會論文集》（台
　　　　北：台大出版組，1992 年 6 月），頁 959～990 等文即對於區域風格的研究發
　　　　展多有論述。

紋的屬性，其內容實爲紋飾文化意涵的探討，足見紋飾背後所蘊藏的文化意涵相當豐富且耐人尋味，及其研究的重要性。

但由於文化意涵的分析，需由當時社會、政治、宗教、經濟、地區等諸多背景因素加以探討，所需考量的層面相當廣泛而立體，以筆者目前所知所學尚顯淺陋，又礙於時間因素，未能多對此方向加以深入了解、研究，故本文中對於文化研究暫且付之闕如，未來若有機會將往此方向繼續努力。

四、龍紋在文化整體脈絡的演進與改變

如本文緒論所述，龍紋運用年代極長，屬青銅器紋飾中少數於後世亦可見者，除運用於青銅器之外，亦可見於其他器類之上。如在青銅時代之前已可見於陶器〔註6〕，或以蚌貝排列的龍形置於墓穴之中〔註7〕；商周之後龍紋運用廣泛，並逐漸成爲帝王的代表，具有權威的表徵。然龍紋並非於運用之初即居主要地位，各時代的龍紋運用與地位各自不同，如後世龍紋地位頗高，多運用於帝王之上，百姓亦以龍的傳人自居，儼然將「龍」視爲民族的代表，與本文所論述之商周龍紋地位明顯不同。又各時期之龍紋紋飾特徵亦有顯著的差異，尤其在龍紋形成之初，其形象多變而不固定，與後世所認定的龍紋形象差距極大。

故若能將各時期龍紋的改變做一歷時的研究，探究其中的改變與發展，除有助於了解各時期文化的發展方向，及文化中對於「龍」崇敬心態的形成與脈絡；文化發展脈絡的釐清，亦有助於文化意涵的探討。另一方面，不僅能做爲文化探究的素材，對於紋飾辨僞的判斷亦可提供參考，如能看出後世特徵誤植於前朝文物上的問題。

然由於此一研究，所需材料與學問更加廣博深厚，不論時、地皆相當長遠而龐大，憑藉筆者目前所學尚不足以應付如何深廣之研究，僅能於文中提出龍紋於不同時期呈現出不同風格的現象提出，希冀未來能有餘力再行深入。

〔註6〕 如河南二里頭遺址中有一陶片上發現一雙身龍紋和曲體爬行龍紋。又如山西襄汾陶寺所發現龍山時代的陶盆上有一彩繪蟠龍。段勇：〈從考古發現看龍的起源與早期面貌〉，《北方文物》，2000年第一期（總六十一期），頁17。

〔註7〕 河南濮陽西水波所發現仰韶文化時期的墓中，有蚌殼排列的龍。段勇：〈從考古發現看龍的起源與早期面貌〉，《北方文物》，2000年第一期（總六十一期），頁18。

　　由於青銅器紋飾研究，乃一立體而全面的研究，其研究範圍所需涉獵的資訊相當廣博，自有不斷耕耘的空間；又其研究資料主要奠基於地下出土文物的蒐羅與整理，對於斷代、辨偽的判斷，更是需要與其他資料相互輔佐、印證，故今日所得之成果，亦可能受到明日新出文物所推翻，成為一「前修未密，後出轉精」的進程，有其不斷精益求精的空間。筆者僅以此自我勉勵，期許未來能於青銅器紋飾研究中，廣伸觸角，略盡個人棉薄之力，繼續徐徐邁進。

參考書目

一、**古籍**（依作者年代順序排列）

1. 〔秦〕呂不韋編撰，〔漢〕高誘注：《呂氏春秋》，台北：藝文印書館，《百部叢書集成》影印《經訓堂叢書》本，1965 年。

2. 〔漢〕司馬遷著：《史記》（據清乾隆武英殿刊本影印），台北：藝文印書館，1982 年。

3. 〔漢〕許慎著，〔清〕段玉裁注：《說文解字注》（經韻樓藏版），台北：漢京文化事業有限公司，1980 年。

4. 〔三國〕韋昭注：《國語》，台北：藝文印書館，《百部叢書集成》影印《士禮居叢書》本，1965 年。

5. 〔晉〕郭璞注：《山海經》，台北：藝文印書館，《百部叢書集成》影印《經訓堂叢書》本，1965 年。

6. 〔晉〕郭象注，〔唐〕成玄英疏，〔唐〕陸德明音義，〔清〕郭慶藩著：《莊子集釋》，北京：中華書局，1961 年。

二、**專書**（依作者姓氏筆劃遞增排列）

1. 丁孟：《你應該知道的 200 件青銅器》，台北：藝術家出版社，2007 年。

2. 上海博物館青銅器研究組：《商周青銅器紋飾》，北京：文物出版社，1984 年。

3. 上海博物館藏寶錄編輯委員會：《上海博物館藏寶錄》，香港：三聯書店／上海文藝出版社聯合出版，1988 年。

4. 于省吾：《雙劍誃吉金圖錄》（《金文文獻集成》本，第二十冊），香港：明石文化，2004 年。

5. 中國社會科學院考古研究所：《二十世紀中國考古大發現》，成都：四川大學出版社，2000 年。

6. 中國社會科學院考古研究所：《殷墟的發現與研究》，北京：科學出版社，1994 年。

7. 中國社會科學院考古研究所：《殷墟婦好墓》，北京：文物出版社，1984 年。

8. 中國社會科學院考古研究所：《殷墟青銅器》，北京：文物出版社，1985 年。

9. 中國社會科學院考古研究所：《殷墟發掘報告》，北京：文物出版社，1987 年。

10. 中國青銅器全集編輯委員會：《中國青銅器全集》（共十六冊），北京：文物出版社，1993～1997 年。

11. 水濤：《中國西北地區青銅時代考古論集》，北京：科學出版社，2001 年。

12. 王世民、陳公柔、張長壽：《西周青銅器分期斷代研究》，北京：文物出版社，1999 年。

13. 王世民：《商周銅器與考古學史論集》，台北：藝文印書館，2008 年。

14. 古文化研究組：《中國古典紋樣名詞解說畫典》，台北：常春樹，1997 年。

15. 四川省博物館：《巴蜀青銅器》，四川：成都出版社。

16. 田自秉、吳淑生、田青：《中國紋樣史》，北京：高等教育出版社，2003 年。

17. 成者仁：《中國紋飾及其象徵意義》，台北：國立歷史博物館，2003 年。

18. 朱鳳瀚：《古代中國青銅器》，天津：南開大學出版社，1995 年。

19. 吳鎮烽：《中國古代青銅器》，武漢：湖北美術出版社，2001 年。

20. 李先登：《商周青銅文化》，台北：台灣商務印書館，1994 年。

21. 李伯謙：《中國青銅文化結構體系研究》，北京：科學出版社，1998 年。

22. 李松、賀西林：《中國古代青銅器藝術》，西安：陝西人民美術出版社，2002 年。

23. 李建偉、牛端紅：《中國青銅器圖錄》（共二冊），北京：中國商業出版社，2000 年。

24. 李海榮：《北方地區出土夏商周時期青銅器研究》，北京：文物出版社，2003 年。

25. 李學勤：《中國青銅器的奧秘》，台北：台灣商務印書館，1988 年。

26. 李學勤：《新出青銅器研究》，北京：文物出版社，1990 年。

27. 李學勤：《青銅器與古代史》，台北：聯經出版社，2005 年。

28. 杜勇、沈長雲：《金文斷代方法探微》，北京：人民出版社，2002 年。

29. 杜迺松:《青銅器鑒定》,廣西:廣西大學出版社,1993 年。

30. 杜迺松:《中國青銅器發展史》,北京:紫禁城出版社,1995 年。

31. 杜迺松:《古代青銅器》,北京:文物出版社,2005 年。

32. 杜迺松:《中國青銅器》,北京:中央編譯出版社,2008 年。

33. 周泗陽、萬山編繪:《中國青銅器圖案集》,上海:上海書店出版社,1993 年。

34. 岳洪彬:《殷墟青銅禮器研究》,北京:中國社會科學出版社,2006 年。

35. 林巳奈夫:《殷周時代青銅器の研究——殷周青銅器綜覽一》(共二冊),東京:吉川弘文館,1984 年。

36. 林巳奈夫:《殷周時代青銅器紋樣の研究——殷周青銅器綜覽二》,東京:吉川弘文館,1986 年。

37. 林巳奈夫:《春秋戰國時代青銅器の研究——殷周青銅器綜覽三》,東京:吉川弘文館,1989 年。

38. 河南省文物考古研究所:《河南商周青銅器紋飾與藝術》,鄭州:河南美術出版社,1995 年。

39. 保利藏金編輯委員會:《保利藏金》,廣州:嶺南美術出版社,1999 年。

40. 故宮博物院紫禁城出版社編:《故宮博物院藏寶錄》,香港‧三聯書店／上海文藝出版社聯合出版,1985 年。

41. 段勇:《商周青銅器幻想動物紋研究》,上海:上海古籍出版社,2003 年。

42. 孫稚雛:《金文著錄簡目》,北京:中華書局,1981 年。

43. 孫稚雛:《青銅器論文索引》,北京:中華書局,1986 年。

44. 容庚:《商周彝器通考》,台北:文史哲出版社,1985 年。

45. 容庚:《商周彝器通考圖錄》,台北:文史哲出版社,1985 年。

46. 容庚、張維持:《殷周青銅器通論》,台北:康橋出版事業有限公司,1986 年。

47. 容庚:《武英殿彝器圖錄》(《金文文獻集成》本,第二十冊),香港:明石文化,2004 年。

48. 容庚:《頌齋吉金圖錄》(《金文文獻集成》本,第十九冊),香港:明石文化,2004 年。

49. 容庚:《頌齋吉金續錄》(《金文文獻集成》本,第十九冊),香港:明石文化,2004 年。

50. 馬承源:《中國青銅器》,台北:南天書局,1991 年。

51. 馬承源:《中國文物精華大全——青銅卷》,台北:台灣商務印書館,1993 年。

52. 馬承源：《青銅禮器》，台北：幼獅文化事業公司，1996 年。

53. 馬承源：《中國青銅器研究》，上海：上海古籍出版社，2002 年。

54. 高木森：《西周青銅彝器彙考》，台北：中國文化大學出版社，1986 年。

55. 高明：《中國古文字學通論》，北京：文物出版社，1987 年。

56. 高崇文、安田喜憲：《長江流域青銅文化研究》，北京：科學出版社，2002 年。

57. 高橋宣治：《中國紋樣》，台北：藝術出版社，1987 年。

58. 商承祚：《十二家吉金圖錄》（《金文文獻集成》本，第二十冊），香港：明石文化，2004 年。

59. 國立故宮博物院編輯委員會：《商周青銅酒器特展圖錄》，台北：故宮博物院，1989 年。

60. 張光直、李光周、李卉、張充和：《商周青銅器與銘文的綜合研究》，台北：中央研究院歷史研究所，1973 年。

61. 張光直：《中國青銅時代》，台北：聯經出版事業公司，1983 年。

62. 張光遠撰，國立故宮博物院編輯委員會編輯：《商代金文圖錄——三千年前中國文字特展》，台北：故宮博物院，1995 年。

63. 張克明：《殷周青銅器求眞》，台北：編輯館編審會，1979 年。

64. 曹瑋：《周原出土青銅器》（共十冊），成都：巴蜀書社，2005 年。

65. 曹瑋：《周原遺址與西周銅器研究》，北京：科學出版社，2004 年。

66. 梅原末治：《日本蒐儲支那古銅精華》（共六冊），大阪：山中商會，1959～1964 年。

67. 梅原末治著，胡原宣譯：《中國青銅器時代考》，台北：台灣商務印書館，1970 年。

68. 郭沫若：《殷周銅器銘文研究》，收於《郭沫若全集——考古編》（第四冊），北京：科學出版社，2002 年。

69. 郭沫若：《兩周金文辭大系》，收於《郭沫若全集——考古編》（第八冊），北京：科學出版社，2002 年。

70. 郭沫若：《金文叢考》，收於《郭沫若全集——考古編》（第五冊），北京：科學出版社，2002 年。

71. 郭廉夫、丁濤、諸葛鎧主編：《中國紋樣辭典》，天津：天津教育出版社，1998 年。

72. 陳佩芬：《中國古代青銅器》，上海：上海博物館，1995 年。

73. 陳佩芬：《認識古代青銅器》，台北：藝術家出版社，1995 年。

74. 陳芳妹：《故宮商代青銅禮器圖錄》，台北：故宮，1998 年。

75. 陳佩芬：《夏商周青銅器研究》（共六冊），上海：上海古籍出版社，2004

年。

76. 陳振裕主編，胡志華繪圖：《中國古代青銅器造型紋飾》，武漢：湖北美術出版社，2001 年。

77. 陳夢家：《西周銅器斷代》（共二冊），北京：中華書局，2004 年。

78. 彭裕商：《西周青銅器年代綜合研究》，成都：巴蜀書社，2003 年。

79. 游國慶撰，國立故宮博物院編輯委員會編輯：《故宮西周金文錄》，台北：故宮博物院，2001 年。

80. 葉劉天增：《中國裝飾紋樣比較研究》，台北：南天出版社，1992 年。

81. 葉劉天增：《中國紋飾研究》，台北：南天出版社，1997 年。

82. 雷鳴：《中國青銅器銘文紋飾藝術》，武漢：湖北美術出版社，1992 年。

83. 劉平衡：《商周銅器》，台北：國立歷史博物館，1989 年。

84. 劉志雄、楊靜榮：《龍與中國文化》，北京：人民出版社，1992 年。

85. 潘魯生：《中國龍紋圖譜》，北京：北京工藝美術出版社，2000 年。

86. 鄭君：《中國歷代龍紋紋飾藝術》，北京：人民美術出版社，2004 年。

87. 盧連成、胡智生：《寶雞䣙國墓地》，北京：文物出版社，1988 年。

88. 鍾柏生、陳昭容、黃銘崇、袁國華：《新收殷周青銅器銘文暨器影彙編》，台北：藝文印書館，2006 年。

89. 龐進：《呼風喚雨八千年——中國龍文化探秘》，四川：四川教育出版社，1998 年。

90. 羅福頤：《商周秦漢青銅器辨偽錄》，香港：香港中文大學，1981 年。

91. 譚旦冏：《中國文物》（第五冊），台北：光復書局，1983 年。

92. 譚其驤：《中國歷史地圖集》（第一冊），上海：地圖出版社，1982 年。

93. 嚴一萍：《金文總集》（共十冊），台北：藝文印書館，1983 年。

94. 顧望、謝海元：《中國青銅圖典》，杭州：浙江攝影出版社，1999 年。

三、單篇論文（依作者姓氏筆劃遞增排列）

1. 干振瑋：〈龍紋圖像的考古學依據〉，《北方文物》，1995 年第四期（總第四十四期），頁 23～27。

2. 王健：〈陶瓷龍紋裝飾漫談〉，《陶瓷科學與藝術》，2006 年第六期，頁 51～54。

3. 四川省博物館等：〈四川彭縣西周窖藏銅器〉，《考古》，1981 年第六期，頁 496～499、555。

4. 吳鎮烽：〈商周青銅器裝飾藝術〉，《考古與文物》，1983 年第二期，頁 71～82。

5. 吳顏媛：〈龍圖騰與中國傳統審美意識〉，《民間文化》，2002 年第十一～十二期，頁 32～35。

6. 岐山縣文化館等：〈陝西省岐山縣董家村西周銅器窖穴發掘簡報〉，《文物》，1976 年第五期，頁 26～35。

7. 李伯謙：〈中國青銅文化的發展階段與分區系統〉，《華夏考古》，1990 年第二期（總十二期），頁 82～91。

8. 李珮瑜：〈商周青銅器的斷代與分期〉，《問學集》第十二卷（2003 年 6 月），頁 1～15。

9. 李濟：〈殷商出土青銅禮器之總檢討〉，《中央研究院歷史語言研究所集刊》第四十七本第四分（1976 年 12 月），頁 783～811。

10. 李濟：〈殷商時代裝飾藝術研究之一——比較觚形器的花紋所引起的幾個問題〉，《中央研究院歷史語言研究所集刊》第三十四期下冊（1963 年 12 月），頁 699～739。

11. 邢捷、張秉午：〈古文物紋飾中龍的演變與斷代初探〉，《文物》，1984 年第一期，頁 75～80。

12. 周亞：〈商代中期青銅器上的鳥紋〉，《文物》，1997 年第二期，頁 57～67。

13. 林澐：〈商文化青銅器與北方地區青銅器關係之再研究〉，《考古學文化論集》（第一冊）（北京：文物出版社，1987 年），頁 129～155。

14. 祁健亞：〈岐山縣博物館近幾年來徵集的商周青銅器〉，《考古與文物》，1984 年第五期，頁 10～13、9。

15. 柯德仁：〈略論商周銅器文化的幾點差異〉，《中原學報》第三十一卷第二期（2003 年 6 月），頁 133～147。

16. 段勇：〈從考古發現看龍的起源與早期面貌〉，《北方文物》，2000 年第一期（總六十一期），頁 17～20。

17. 段勇：〈潛龍勿用——商周青銅器上的龍紋面貌〉，《考古與文物》，2000 年第四期，頁 58～63。

18. 桑永夫：〈商代青銅器饕餮紋初探〉，《中原文物》，1987 年第三期，頁 77～81。

19. 殷滌非：〈安徽屯溪西周墓葬發掘報告〉，《考古學報》，1959 年第四期，頁 59～90。

20. 高木森：〈春秋戰國時代的圖紋藝術（一）〉，《故宮文物月刊》第一卷第十期，頁 103～107。

21. 高木森：〈春秋戰國時代的圖紋藝術（二）〉，《故宮文物月刊》第一卷第十二期，頁 114～121。

22. 高木森：〈春秋戰國時代的圖紋藝術（三）〉，《故宮文物月刊》第二卷第

一期,頁 120～125。

23. 高木森:〈春秋戰國時代的圖紋藝術(四)〉,《故宮文物月刊》第二卷第二期,頁 71～88。

24. 高木森:〈龍蛇百物的世界——再論商周銅器的紋飾〉,《故宮文物月刊》第六卷第十二期(1989 年 3 月),頁 36～47。

25. 高西省:〈獸面紋額羽與「列旗」〉,《文博》,1999 年第一期,頁 7～12。

26. 高明:〈中原地區東周時期青銅禮器研究(上)〉,《考古與文物》,1981年第二期,頁 68～82。

27. 高明:〈中原地區東周時期青銅禮器研究(中)〉,《考古與文物》,1981年第三期,頁 84～103。

28. 高明:〈中原地區東周時期青銅禮器研究(下)〉,《考古與文物》,1981年第四期,頁 82～91。

29. 張光直:〈商周青銅器器形裝飾花紋與銘文綜合研究初步報告〉,《中央研究院民族研究所集刊》第三十期(1970 年),頁 239～273。

30. 張長壽:〈殷商時期的青銅容器〉,《考古學報》,1979 年第三期,頁 271～300。

31. 張清發:〈商周青銅器的龍類紋飾及其圖騰意義探析〉,《問學》第六期(2004 年 4 月),頁 191～210。

32. 張濤、王齊秀:〈周原出土青銅器的特點及其意義〉,《歷史文物》第一一三期(2002 年 12 月),頁 22～43。

33. 曹明檀、尚志儒:〈陝西鳳翔出土的西周青銅器〉,《考古與文物》,1984年第一期,頁 53～65。

34. 梁彥民:〈殷周青銅器雙身龍紋及相關問題〉《考古與文物》,2006 第六期,頁 78～83、87。

35. 郭靜云:〈由禮器紋飾、神話記載及文字論夏商雙嘴龍神信仰〉,《漢學研究》第二十五卷第二期(2007 年 12 月),頁 1～40。

36. 陳平:〈試論關中秦墓青銅容器的分期問題(上)〉,《考古與文物》,1984年第三期,頁 58～73。

37. 陳平:〈試論關中秦墓青銅容器的分期問題(下)〉,《考古與文物》,1984年第四期,頁 63～73。

38. 陳芳妹:〈商代青銅藝術「區域風格」之探索——研究課題與方法之省思〉,《故宮學術季刊》第十五卷第四期,頁 109～150。

39. 陳芳妹:〈商周青銅容器研究的課題與方法〉,《民國以來國史研究的回顧與展望研討會論文集》(台北:台大出版組,1992 年 6 月),頁 959～990。

40. 黃敬剛:〈曾侯乙尚龍與其文物的龍飾藝術〉,《武漢大學學報》(人文社

會科學版）第五十九卷第五期（2006 年 9 月），頁 599～605。

41. 楊錫璋：〈殷墟青銅容器的分期〉，《中原文物》，1983 第三期（總二十五期），頁 48～55。

42. 葛應會：〈殷墟墓地的區與組〉，《考古學文化論集》（第二冊）（北京：文物出版社，1989 年），頁 152～183。

43. 蒼林忠：〈龍源考辨〉，《江蘇廣播電視大學學報》第十三卷第四期，頁 37～44。

44. 齊文濤：〈概述近年來山東出土的商周青銅器〉，《文物》，1972 年第五期，頁 3～18。

45. 劉一曼：〈安陽殷墓青銅禮器組合的幾個問題〉，《考古學報》，1995 年第四期，頁 395～412。

46. 鄭振香：〈安陽小屯村北的兩座殷代墓〉，《考古學報》，1981 年第四期，頁 491～517。

47. 鄭振香：〈論殷墟文化分期及其相關問題〉，《中國考古學研究——夏鼐先生考古五十年紀念論文集》（北京：文物出版社，1986 年），頁 116～127。

48. 盧采婕、傅榮珂：〈商周青銅器鳥紋飾研究〉，《國立嘉義大學通識學報》第三期，頁 155～180。

49. 譚旦冏：〈中國文飾的起源與演進——歷代文飾考緒言〉，《故宮文物月刊》第四卷第八期，頁 34～72。

50. 譚旦冏：〈鬼神崇拜的商周時代——中國歷代文飾考丙篇（上）〉，《故宮文物月刊》第四卷第十一期，頁 38～52。

51. 譚旦冏：〈鬼神崇拜的商周時代——中國歷代文飾考丙篇（下）〉，《故宮文物月刊》第四卷第十二期，頁 46～57。

52. 譚旦冏：〈自由奔放的春秋戰國時代——中國歷代文飾考丁篇（上）〉，《故宮文物月刊》第五卷第一期，頁 48～65。

53. 譚旦冏：〈自由奔放的春秋戰國時代——中國歷代文飾考丁篇（下）〉，《故宮文物月刊》第五卷第四期，頁 38～53。

54. 寶雞茹家莊西周墓發掘隊：〈陝西省寶雞市茹家莊西周墓發掘簡報〉，《文物》，1976 年第四期，頁 34～56。

四、碩博士論文（依作者姓氏筆劃遞增排列）

1. 劉煜輝：《先秦青銅器「紋飾」研究》，台北：國立台灣師範大學國文研究所博士論文，1987 年 6 月。

2. 徐偉軒：《商周青銅器紋飾藝術及其在水墨創作中之表現》，台北：國立台灣師範大學美術學系碩士論文，2007 年 6 月。

3. 吳瑞滿:《中原地區青銅禮容器之鳥禽圖像研究——從晚商到西周中期》,台北:國立藝術學院美術學系碩士論文,2000 年 12 月。

4. 曾傳林:《楚國青銅器之研究》,台北:國立台灣師範大學美術學系碩士論文,1988 年 6 月。

5. 蔡鴻江:《晉系青銅器研究》,高雄:國立高雄師範大學國文研究所博士,1999 年 6 月。

6. 王百榮:《商周青銅器動物紋飾與神話研究》,台北:淡江大學中國文學系碩士在職專班論文,2006 年 6 月。

7. 陳文玲:《殷商青銅器上的鳥獸紋》,中國文化大學藝術研究所碩士論文,1984 年 6 月。

8. 張仁溶:《商周青銅器上動物花紋的意義及其演變》,台北:國立台灣大學歷史研究所,1989 年 6 月。

附　錄

附錄一：婦好偶方彝全器摹本

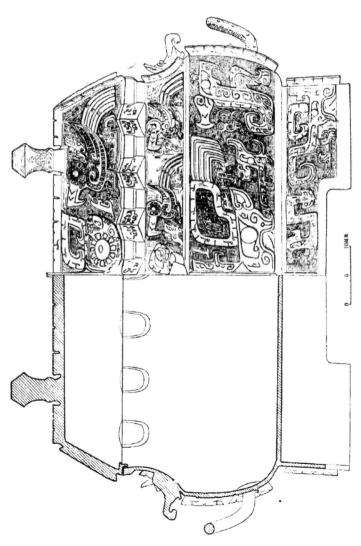

（轉錄自中國社會科學院考古研究所：《婦好》，圖 33，頁 51）

附錄二：羊上彎角圖案舉隅

（轉錄自林巳奈夫：《紋樣》，頁87）

（轉錄自林巳奈夫：《紋樣》，頁87）

附錄三：婦好盤盤底紋飾拓本

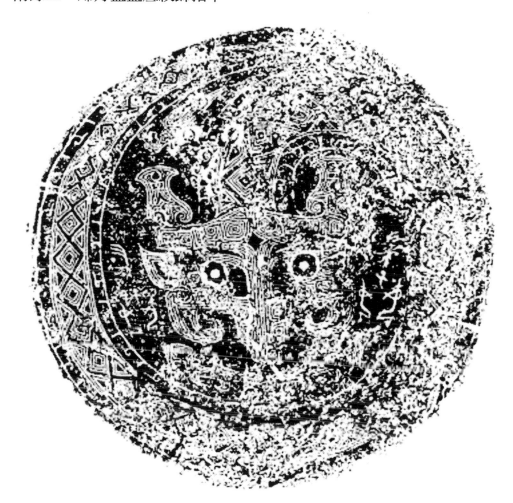

（轉錄自林巳奈夫：《紋樣》，圖 3-157，頁 108）

附錄四：青銅器紋飾諸類別時代變化示意表

名称	分类	二里冈 下	二里冈 上	殷代 早	殷代 中	殷代 晚	西周 早	西周 中	西周 晚	春秋 早	春秋 中	春秋 晚	战国 早	战国 中	战国 晚
动物纹 — 饕餮纹	不简省类														
	有首无身之简省类														
	有首与腿爪、无躯干之半简省类														
龙纹	夔纹														
	顾龙纹														
	蟠龙纹														
	团龙纹														
	交龙纹(含蟠螭纹)														
	曲龙纹														
蛇纹	独体二方连续														
	蟠虺纹														
	独体四方连续														
鸟纹	小鸟纹														
	长尾鸟纹														
	大鸟纹														
其他写实性动物纹	蝉纹														
	贝纹														
简省变形动物纹	目纹														
	鳞纹														
	重环纹														
	省变形饕餮纹														
	省变形蝉纹														
	窃曲纹														
	波带纹														
	双钩蟠螭示意纹														
	散螭纹														
几何纹	圆圈纹(含乳钉纹)														
	涡纹														
	云纹														
	雷纹														
	四瓣目纹														
	三角纹														
	菱格纹														
	弦纹														
	绹纹														
	瓦纹														
人物画像纹															

轉錄自朱鳳瀚：《古代》表五‧一（頁410）。

圖表説明：圖表中實線代表該紋飾主要流行時間，虛線代表則該紋飾可見時間，但並非主要流行時間。